DE LA
PHARMACIE

AU POINT DE VUE
DE LA

PROPRIÉTÉ INDUSTRIELLE

PAR

Henri ALLART

DOCTEUR EN DROIT
AVOCAT A LA COUR D'APPEL DE PARIS

PARIS

IMPRIMERIE ET LIBRAIRIE GÉNÉRALE DE JURISPRUDENCE

MARCHAL-BILLARD ET Cie, Imprimeurs-Éditeurs

LIBRAIRES DE LA COUR DE CASSATION

Place Dauphine, 27

1883

(TOUS DROITS RÉSERVÉS)

DE LA
PHARMACIE

AU POINT DE VUE
DE LA

PROPRIÉTÉ INDUSTRIELLE

———

Te 145

2 7

DU MÊME AUTEUR :

THÈSE SUR LES BREVETS D'INVENTION

DÉPOT-LÉGAL
Eure-et-Loir.
N° 123
1883

DE LA
PHARMACIE

AU POINT DE VUE
DE LA
PROPRIÉTÉ INDUSTRIELLE

PAR

Henri ALLART

DOCTEUR EN DROIT
AVOCAT A LA COUR D'APPEL DE PARIS

PARIS

IMPRIMERIE ET LIBRAIRIE GÉNÉRALE DE JURISPRUDENCE

MARCHAL-BILLARD ET Cie, Imprimeurs-Éditeurs

LIBRAIRES DE LA COUR DE CASSATION

Place Dauphine, 27

1883

(TOUS DROITS RÉSERVÉS)

Mon cher Allart,

Vous avez bien voulu me soumettre votre projet de réunir en un volume tout ce qui, dans nos lois, soit sur la propriété littéraire et artistique, soit surtout sur la propriété industrielle, peut intéresser les pharmaciens. Votre projet était ingénieux et je l'ai approuvé. Aujourd'hui vous me soumettez le livre que vous avez écrit sur ces données et je m'applaudis de vous avoir encouragé à l'écrire. Sous une forme vive, alerte et claire, vous nous donnez un véritable traité sur la matière. Ce n'est qu'un coin de ce vaste domaine de la propriété intellectuelle ; mais, ce coin, vous l'avez fouillé, pénétré, mis tout à fait à découvert. Les pharmaciens, en général assez peu soucieux de la procédure, et plutôt savants qu'industriels, connaîtront désormais, grâce à vous, d'une façon exacte, et leurs devoirs et leurs droits ; ils n'auront du moins aucun prétexte pour les ignorer, et, s'ils entendent leurs intérêts, ils auront tous avant peu votre volume entre les mains. C'est la fortune que je souhaite de tout mon cœur à votre ouvrage.

Votre affectionné,

EUG. POUILLET.

AVANT-PROPOS

Nous nous proposons, dans ce livre, d'étudier les lois diverses qui protègent la propriété des Produits pharmaceutiques, et tout particulièrement de ces remèdes si nombreux et si répandus qu'on désigne sous le nom de *spécialités*. Assurément, cette étude n'est point nouvelle ; elle a été faite avant nous par tous les auteurs qui ont traité les diverses branches de la propriété industrielle : *Nom commercial, Marques de fabrique, Brevets d'invention* et *Concurrence déloyale*. Mais les nombreuses et intéressantes questions que nous allons examiner se trouvent comme noyées au milieu de ces ouvrages complets où nécessairement elles occupent une place secondaire. A défaut d'autre mérite, nous aurons au moins celui d'avoir réuni les éléments épars d'une matière qui n'est assurément pas indigne d'être traitée dans un ouvrage spécial.

En écrivant ce livre, nous ne nous sommes pas renfermé dans un commentaire aride des lois diverses dont il comporte l'étude, nous avons voulu avant tout en faire un traité véritablement pratique. Dans ce but, nous avons réuni et classé avec soin tous les documents de jurisprudence qui peuvent aider le jurisconsulte dans ses recherches et en même temps, par des exemples et par des précédents nombreux, éclairer les personnes intéressées sur la nature et l'étendue de leurs droits.

INTRODUCTION

1. Préliminaires. — La préparation et la vente des remèdes constituent une industrie dont l'exercice n'est point permis à tout le monde; ceux-là seuls y sont admis qui ont satisfait à des examens et obtenu des diplômes délivrés par les écoles du gouvernement. Telle est la prescription écrite en tête de la loi du 21 germinal an XI, qui à l'heure actuelle régit encore la pharmacie[1]. Ce monopole, comme

1. Un nouveau projet de loi sur la pharmacie, préparé par le Conseil d'État, vient d'être déposé à la Chambre des Députés.

celui des médecins, se justifie par des consi-
dérations d'ordre public sur lesquelles il n'est
pas besoin d'insister. Il importe, en effet, que
le commerce des remèdes ne soit pas aban-
donné à des ignorants ou à des charlatans,
auprès desquels les malades ne trouveraient
aucune espèce de garantie. L'intérêt supérieur
de la santé publique commandait, en conséquence, un système de précautions et de contrôle reconnu par tout le monde nécessaire,
s'il n'est pas toujours respecté.

2. *Qu'est-ce qu'un remède?* — Dans son
acception la plus large, le remède est toute
substance simple ou composée, naturelle ou
fabriquée, susceptible de rendre ou de conserver la santé à l'homme ou aux animaux.
Toutefois il ne faudrait pas considérer comme
remède une substance alimentaire ou bien une
liqueur pouvant offrir des qualités hygiéniques,
mais ne présentant pas, à proprement parler,
de vertus curatives. Ajoutons que les différentes
substances employées dans la thérapeutique
n'ont le caractère de remèdes que lorsqu'elles
se débitent *au poids médicinal :* leur vente en
gros est libre et n'appartient pas exclusivement

aux pharmaciens. Le remède peut donc se définir au point de vue juridique : toute substance ou préparation offrant des propriétés médicamenteuses et employée au poids médicinal.

3. Des différentes sortes de remèdes. — La loi ne se borne pas à monopoliser le débit des remèdes entre les mains des pharmaciens, elle leur interdit encore d'une façon absolue la vente des médicaments qui ne rentrent pas dans l'une des trois catégories suivantes : 1º *remèdes magistraux,* composés d'après les prescriptions des médecins pour des cas particuliers ; 2º *remèdes officinaux,* préparés à l'avance suivant les formules du Codex ; 3º remèdes dont la recette a été achetée ou publiée par le gouvernement (Décret du 18 août 1810), et ceux qui sont reconnus nouveaux et utiles par l'Académie de Médecine et dont la formule a été publiée dans son Bulletin avec approbation du ministre (Décret du 3 mai 1850).

4. Remèdes secrets. — Tout remède qui ne figure pas dans l'une des catégories précédentes est un *remède secret* dont la vente est interdite par la loi du 21 germinal an XI (Art. 36). Il ne perdrait pas ce caractère et il n'échapperait pas à cette prohibition alors même qu'il aurait reçu la plus large publicité, soit dans des ouvrages de médecine, soit par la voie de la presse, et que sa formule serait universellement connue.

Il est parfois difficile de reconnaître si une préparation pharmaceutique est un similaire d'une préparation inscrite au Codex, ou bien si elle en diffère essentiellement et doit en conséquence être qualifiée de remède secret. Les tribunaux ont été souvent saisis de ces difficultés que nous n'examinerons pas, car elles sont en dehors du cadre de cet ouvrage. Qu'il nous suffise de dire que le juge correctionnel apprécie souverainement les questions de cette nature et décide si le remède est secret ou autorisé.

5. *Eaux minérales.* — Sous la dénomination de remèdes, il faut comprendre les eaux minérales et thermales, dont l'usage est si répandu, et qui entrent pour une si large part dans les prescriptions de la médecine.

6. L'invention et la propriété des remèdes sont-elles protégées? — Les lois qui garantissent la propriété industrielle ou commerciale répondent à un double besoin et à un double sentiment de justice : tantôt elles sont destinées à rémunérer les inventeurs en leur accordant un privilège pour l'exploitation de leurs découvertes; tantôt elles ont pour but de protéger contre la concurrence et la fraude les produits du commerce et de l'industrie. L'inventeur ou le propriétaire de remèdes mérite assurément l'une et l'autre de ces protections. On peut même dire qu'il y a des droits tout spéciaux; car d'une part l'inventeur d'un nouveau remède peut rendre à l'humanité les plus éminents services, d'autre part il est fort intéressant pour le consommateur, c'est-à-dire pour le malade, de n'être point trompé sur l'origine et, par suite, sur la qualité du remède qu'il achète.

Cependant la loi, pour des raisons que nous examinerons plus tard, n'a pas cru devoir établir une similitude complète entre les remèdes et les autres produits de l'industrie ou du commerce. Ainsi, elle ne permet pas de breveter les compositions pharmaceutiques et remèdes

de toute espèce (Loi du 5 juillet 1844, art. 5).
Mais c'est là une exception unique et, rentrant
sous l'empire du droit commun, les remèdes
participent à la protection de toutes les autres
lois qui garantissent la propriété industrielle ou
commerciale. Si l'inventeur d'un remède ne
peut le faire breveter, il a droit de défendre,
contre l'usurpation de ses concurrents, son
nom qui demeure souvent attaché à sa découverte. Il peut encore distinguer ses produits
par des marques de fabrique ou de commerce
dont la contrefaçon constitue un délit. Enfin,
les principes généraux de notre droit lui permettent de poursuivre et de faire cesser tous
les actes de concurrence déloyale dont il peut
être victime.

Souvent le remède est accompagné d'un
prospectus ou d'une notice dans laquelle l'inventeur expose ses effets et explique son
usage : ce travail est protégé par les lois sur
la propriété littéraire et artistique, au même
titre que toutes les œuvres de l'intelligence et
de l'esprit.

Ainsi, comme on le voit, les garanties ne
font pas défaut aux inventeurs et propriétaires
de remèdes : nous allons les passer en revue

les unes après les autres, en faisant connaître
la façon de les acquérir, de les conserver et
de les faire respecter.

———

1.

LIVRE PREMIER

DU NOM COMMERCIAL

CHAPITRE Ier.

Ce qui constitue le Nom commercial.

SOMMAIRE :

7. La loi protège le nom des inventeurs et préparateurs de remèdes. — 8. Du nom considéré comme dénomination nécessaire. — 9. Abandon au domaine public. — 10. Tolérance. — 11. Nom de l'inventeur ou du fabricant précédé de la mention : *Suivant la formule de...* — 12. Homonymes. — 13. Cession de nom par un homonyme. — 14. Précautions que doit prendre l'homonyme. — 15. Noms analogues. — 16. Raison sociale et commerciale. — 17. Pseudonymes. — 18. Initiales et chiffres.

7. *La loi protège le nom des inventeurs ou préparateurs de remèdes.* — Si, comme nous venons de le dire, l'inventeur d'une compo-

sition pharmaceutique ou d'un remède quelconque ne peut obtenir de brevet, la loi ne le
laisse pas cependant dépourvu de toute protection. Sans parler de la gloire qu'il peut
recueillir de sa découverte en y attachant son
nom, ce nom lui-même est quelquefois pour
lui une source de bénéfices et de fortune.
En effet, la loi des 26 juillet-4 août 1824
garantit le nom du fabricant contre toute usurpation et, comme elle ne contient aucune disposition restrictive, elle s'applique sans aucun
doute aux fabricants, c'est-à-dire aux préparateurs de remèdes.

Quand il s'agit d'un remède entièrement
nouveau, ne figurant pas au Codex et dont la
vente est permise ou tolérée, la loi de 1824
protège incontestablement le nom de son inventeur. Tout pharmacien est bien libre, s'il en
connaît la formule, de préparer et de vendre
ce médicament, mais il ne peut le mettre dans
le commerce sous le nom de celui qui l'a créé.
Il en est du remède comme de tout produit de
l'industrie appartenant au domaine public;
chacun peut le vendre et l'exploiter, mais nul
n'a le droit de prendre le nom du producteur
ou du fabricant.

Faut-il accorder la même protection au premier préparateur d'un remède connu? Assurément, car le nom est avant tout destiné à faire connaître l'origine des produits et à en garantir la provenance au consommateur. Or, quand il s'agit de remèdes, le public qui attache sa confiance au préparateur dont il connaît le nom, est vivement intéressé à ce qu'on ne le trompe pas en lui faisant prendre un médicament d'une provenance étrangère. Sans doute, la formule du remède figurant au Codex, tout pharmacien a le droit de le composer lui-même, mais il peut le faire sans usurper le nom du premier préparateur.

8. *Du nom considéré comme dénomination nécessaire*. — Souvent l'inventeur ou le préparateur d'un remède, en même temps qu'il y attache son nom, lui donne une autre désignation tirée de sa nature ou de sa vertu. Dans ce cas, le pharmacien à qui le médicament est demandé pourra le vendre sous cette dénomination générique et concilier ainsi le respect du nom avec les intérêts ou les besoins de son industrie. Mais quelquefois le nom patro-

nymique de l'inventeur est le seul qui désigne le médicament, si bien que ce nom et le remède se sont pour ainsi dire identifiés. On comprend alors qu'il est difficile au pharmacien de vendre le médicament fabriqué par lui, s'il n'a pas la faculté de lui donner le nom sous lequel tout le monde le connaît et qui peut seul le désigner d'une façon précise. Faut-il lui accorder ce droit? Nous ne le pensons pas, tout en reconnaissant le grave inconvénient qui peut résulter d'une pareille situation. D'ailleurs, il serait inexact de croire que le remède ainsi désigné par le seul nom de son inventeur ne pourra jamais être préparé et vendu par d'autres. Le pharmacien consciencieux à qui on le demandera aura toujours le droit de répondre à son client : « Je n'ai pas le remède que vous m'indiquez, mais je prépare moi-même une composition analogue dont les effets sont identiques. » Si le client refuse, c'est qu'il attache un prix tout spécial au nom qu'il connaît et sur lequel par conséquent il serait au moins peu délicat de l'induire en erreur. Car ce n'est pas alors un remède composé de telles substances et ayant telles vertus qu'il demande, c'est le remède préparé par telle personne en qui, à tort ou à raison, il a plus confiance qu'en tout autre.

9. *Abandon au domaine public.* — Il peut arriver cependant que l'inventeur ou le premier préparateur d'un remède consente, soit expressément, soit tacitement, à ce que son nom tombe dans le domaine public avec le remède lui-même. Un pareil désintéressement est sans doute assez rare, mais s'il se produit, tous les pharmaciens en bénéficient, à la condition, bien entendu, de ne pas dénaturer le remède auquel est attaché le nom de l'inventeur. Car alors celui-ci pourrait intervenir pour empêcher une altération de sa formule qu'il croirait préjudiciable à sa propre renommée et à la santé de ceux qui emploient le médicament.

10. *Tolérance.* — Sans autoriser d'une manière formelle l'emploi de son nom, l'inventeur ou le premier préparateur peut en tolérer l'usage pendant un temps plus ou moins long. A partir de quel moment cette inaction et ce silence pourront-ils être considérés comme un consentement tacite ? On conçoit qu'il est impossible de poser une règle générale à cet égard. Il faudra prendre en considération les circonstances ou les motifs qui ont pu déterminer le propriétaire du nom à mépriser des usurpations peu graves ou peu répétées, et rechercher avec soin si la tolérance n'a pas au contraire présenté les signes d'un véritable consentement. Si l'intention d'abandonner le nom au domaine public résulte d'un concours de circonstances qui lui enlèvent tout caractère équivoque, l'inventeur ne peut plus reprendre une propriété dont il a librement fait l'abandon ; car autrement il aurait tendu un véritable piège aux pharmaciens, qui seraient à juste titre surpris de voir diriger contre eux des poursuites pour l'emploi d'un nom dont le propriétaire lui-même a permis l'usage.

Si le nom de l'inventeur est le seul qualificatif du remède, l'abandon devra s'en présumer d'autant plus facilement qu'il se confond avec le produit lui-même dont il constitue la dénomination nécessaire. L'inventeur devra donc, surtout au début, s'abstenir d'une tolérance qui serait justement interprétée au profit du domaine public.

Les tribunaux ont eu maintes fois l'occasion

d'appliquer les règles que nous venons de poser. Mais nous allons voir dans leurs décisions une tendance marquée à restreindre la protection des inventeurs ou préparateurs de remèdes.

Quand il s'agit de substances ou de liqueurs hygiéniques qui ne constituent pas des remèdes proprement dits, la jurisprudence se montre généralement assez favorable à la propriété du nom. Ainsi, il a été jugé que le nom est une propriété imprescriptible, et, par suite, celui qui le porte peut, même après une tolérance plus ou moins longue, en interdire l'usage aux tiers ; spécialement, le chimiste qui a donné la formule d'une liqueur hygiénique *(Liqueur Raspail)* et qui a laissé pendant un temps plus ou moins long les tiers fabriquer cette liqueur, en la désignant sous son nom, n'en est pas moins recevable à reprendre son consentement tacite et à leur interdire l'emploi de cette désignation (Paris, 9 novembre 1863 : Raspail c. Combier-Destre. PATAILLE, 1863, 377) [1].

Des décisions analogues ont été rendues pour

_____

1. *Id.*, Paris, 10 janvier 1866 : Raspail c. Marchand et Joanne ; PATAILLE, 69, 164.

l'*Eau de Botot* (Paris, 3 août 1859 : Barbier c. Simon, PATAILLE, 1859, 366); pour le *Vinaigre de Bully* (Trib. com. Seine, 30 septembre 1859 : Landon c. Dupont, TEULET, 9-59, et Paris, 6 février 1874 : Landon c. Leroux, PATAILLE, 1874-69)[1]; pour l'*Eau de Lubin* (Cass., 25 septembre 1879 : Prot et Cie c. Avice, PATAILLE, 1879-346), etc., etc.

Quand il s'agit au contraire de remèdes, les tribunaux paraissent plus favorables au domaine public; non qu'ils refusent de protéger la propriété du nom, mais ils présument assez facilement son abandon par l'inventeur. Ainsi, il a été jugé que les remèdes autorisés par lettres patentes de l'ancien régime, et spécialement le *Rob dépuratif de Boyveau-Laffecteur,* sont tombés dans le domaine public ; il en est de même de la désignation et du nom de l'inventeur, lorsque, par le fait du premier, préparateur lui-même ou de ses ayant-droit, ce nom est devenu un élément nécessaire de la désignation (C. Dijon, 3 août 1866 : Girau-

1. *Id.*, Cass., 15 avril 1878 : Landon c. Pons, PATAILLE, 1878-235 ; et C. Orléans, après Cass., 4 août 1881 : Landon c. Leroux; PATAILLE, 1882-183.

deau Saint-Gervais contre Charpentier et Cie, PATAILLE, 1867-169); — qu'en matière de préparation pharmaceutique, comme en toute autre, la dénomination particulière donnée à un produit par son inventeur ou préparateur constitue, aussi bien que son nom, une propriété exclusive à son profit et à celui de ses cessionnaires, à moins qu'il ne les ait volontairement laissés tomber dans le domaine public et que cette préparation n'ait pas d'autre désignation (Grenoble, 31 août 1876 : Paul Gage c. Nègre, PATAILLE, 1875-225); que si, en principe, le nom patronymique d'un inventeur reste sa propriété exclusive à l'expiration de son brevet, il en est autrement dans le cas où, par un long usage et par suite du consentement, soit exprès, soit tacite, de l'inventeur, son nom est devenu la seule désignation usuelle du produit; il en est spécialement ainsi des médicaments tombés dans le domaine public de la pharmacie *(Charbons du docteur Belloc et Pâte Regnault)* et que chaque pharmacien a le droit dès lors d'annoncer et de débiter sous la dénomination qui est devenue dans l'usage sa désignation, à la charge seulement de prendre des précautions nécessaires pour ne pas induire le public en erreur sur l'origine du produit (Cass., 16 avril 1878 : Torchon c. Pauliac, PATAILLE, 1878-243) ; — que, lorsqu'un remède (le *Sirop de Girolamo Pagliano*) est tombé dans le domaine public sous le nom de son inventeur et sans aucune réclamation de ce dernier, tout pharmacien peut le vendre sous cette dénomination, alors surtout qu'il n'emploie ni la même forme de récipient, ni les mêmes étiquettes que l'inventeur (Trib. du Havre, 31 mai 1879 : Coppey c. Baut, PATAILLE, 1879-223) ; — qu'en dehors des cas exceptionnels où, pour spécifier certaines compositions pharmaceutiques dites remèdes secrets, le nom de l'inventeur est le seul qualificatif, soit indiqué au Codex, soit universellement reconnu, et où ce nom devient ainsi exceptionnellement un élément nécessaire de divulgation avec lequel le produit lui-même se confond, il n'existe en général pour le fabricant d'un produit pareil, ni nécessité ni droit de désigner ce produit par le nom de son inventeur (Aix, 20 mars 1879 : Fumouze et autres c. Grosso et autres, PATAILLE, 1881-179).

Il a été jugé, dans le sens d'une protection

plus large, que si les préparations pharmaceutiques ne sont pas susceptibles d'être brevetées, et si chaque pharmacien a le droit non-seulement de préparer les médicaments et sirops inscrits au Codex ou autorisés, mais encore de les vendre sous la désignation qui leur a été donnée par l'inventeur ou le premier préparateur, ce droit ne va pas jusqu'à se servir du nom de ce dernier pour annoncer ou débiter des produits qui n'ont pas été fabriqués par lui ou ses ayant-droit (C. de Paris, 12 janvier 1857 : Fumouze et autres c. Hureaux et Charpentier, PATAILLE, 1860-81). Il s'agissait, dans ce procès, du *Papier épispatique d'Albespeyres*, de l'*Élixir tonique antiglaireux du docteur Guillié*, du *Sirop lénitif de Flon* et de la *Pâte pectorale de Georgé*.

11. *Nom de l'inventeur ou fabricant précédé de la mention : Suivant la formule de...* — Nous avons supposé jusqu'ici une usurpation brutale du nom sans aucune précaution de nature à prévenir l'erreur du public sur la véritable origine du produit. Mais il arrive souvent que le pharmacien vendant un remède de sa fabrication fait précéder le nom de l'inventeur ou du premier préparateur, de ces mots : *Suivant la formule de...* ou toute autre mention analogue. Cet usage est-il licite ? Si le nom de l'inventeur est si bien incorporé au remède lui-même qu'il en forme la dénomination nécessaire, et surtout si ce nom n'est accompagné d'aucune désignation générique, nous n'hésitons pas à reconnaître aux pharmaciens le droit de l'employer en le faisant précéder de la mention : *Suivant la formule de...* L'acheteur, en effet, n'est plus trompé sur la provenance du remède, car il lui suffit d'ouvrir les yeux pour comprendre qu'on ne lui donne pas le médicament fabriqué par l'inventeur lui-même ou ses ayant-droit, mais une composition préparée par le pharmacien selon la formule qu'il demande. Quand il est si facile et si naturel de prendre cette précaution pour prévenir toute erreur, toute surprise, nous avons peine à comprendre qu'on permette aux pharmaciens d'employer purement et simplement le nom de l'inventeur, sous prétexte qu'il est devenu dénomination nécessaire.

Qu'il soit impossible de vendre le remède sans le nom avec lequel il est identifié, nous le reconnaissons ; mais la raison et la justice commandent qu'on ne le présente pas faussement comme préparé par celui qui lui a donné son nom. Rien ne peut justifier une pareille fraude, dont l'acheteur est victime aussi bien que l'inventeur lui-même.

Lorsque le remède peut être facilement désigné sans qu'il soit besoin d'employer le nom du premier préparateur, l'adjonction des mots : *Suivant la formule de...* ne couvre plus l'usurpation, qui doit dès lors être rigoureusement interdite. En effet, le pharmacien n'a plus de raison sérieuse pour faire usage du nom qu'aucune nécessité ne lui impose et qu'il doit par conséquent respecter[1].

Les tribunaux n'ont pas toujours observé la distinction que nous venons d'établir : tantôt ils proscrivent la mention d'une manière absolue ; tantôt, au contraire, ils paraissent l'autoriser d'une façon générale sans poser aucune règle précise.

Il a été jugé, dans le sens de l'interdiction : que même lorsqu'il s'agit d'un médicament dont la préparation est nécessairement dans

1. Pouillet, *Marques de fabrique,* nᵒ 416 et suivants.

le domaine public, il peut être interdit aux concurrents du premier préparateur d'y joindre son nom, même en le faisant précéder des mots : *Suivant la formule de...* (Rouen, 27 mars 1862 et Rej., 15 mars 1864 : Charpentier c. Gage, Pataille, 1865-394) ; que le pharmacien qui a donné à un remède connu une dénomination particulière, telle que celle de *Dragées ferrugineuses du docteur Rabuteau*, appliquée à une préparation pharmaceutique dont les éléments constitutifs sont insérés au Codex, a le droit de s'opposer à ce qu'un autre pharmacien vende des produits similaires sous le titre de *Dragées ferrugineuses* et sous la garantie du même nom de médecin, encore bien qu'il ferait précéder ce dernier de la mention *Selon la formule de...* et qu'il indiquerait la provenance en ajoutant son propre nom comme préparateur (Trib. com. Seine, 16 mars 1878 : Clin et Cie c. Olivier, Pataille, 1878-78) ; qu'il y a usurpation de nom et imitation frauduleuse de marque, bien que l'on fasse précéder le nom usurpé des mots : *dit... façon de... système de...* (Capsules glutineuses *procédé Raquin.* — Pilules *dites de Blancard*). (Aix, 20 mars 1879 : Fumouze et autres c. Grosso et autres ; PATAILLE, 81-179) [1].

Il a été jugé en sens contraire : que, alors même que le droit de fabriquer un produit *(Pâte pectorale de Regnault)* appartient à tous, c'est à la condition de ne pas usurper le nom du premier inventeur ou du moins de le faire précéder des mots : *Suivant la formule de...* et aussi de différencier la forme et la couleur de ses enveloppes afin d'éviter la confusion (Trib. comm. Seine, 28 octobre 1844 : Frère c. Sopolowski, *Le Droit,* 30 octobre 1844) ; que l'inventeur d'un produit pharmaceutique *(Sirop et Pastilles de Tamarin Bruc),* alors surtout qu'il en a publié la formule, n'a pas d'action pour empêcher les pharmaciens de préparer et vendre ce produit sous la dénomination qu'il lui a donnée et d'indiquer même qu'il est fabriqué d'après sa formule (Trib. civ. Lyon, 4 déc. 1867 : Bruc c. Besson, PATAILLE, 1869-92 ; que si un pharmacien a le droit de se servir d'un nom (celui de *Vallet*) pour indiquer plus exactement la nature du produit, ce ne peut être qu'à la condition de l'écrire

1. Même décision dans l'affaire du *Fer de Quevenne* (PATAILLE, 74-209).

en caractères pareils à ceux qui le précèdent : *Préparés d'après la formule,* et à ceux de l'ensemble de l'étiquette, de telle sorte que le public ne soit pas induit en erreur sur la provenance du médicament (C. de Bordeaux, 26 fév. 1873 : Torchon c. Guillot, PATAILLE, 1877-226).

12. Homonymes. — Quand un pharmacien porte le même nom que l'inventeur ou le premier préparateur d'un remède, peut-il préparer ce médicament et le vendre sous son propre nom ? Assurément ; car il est impossible de refuser à l'homonyme d'un inventeur connu le droit de faire ses études de pharmacie et de s'établir ensuite ; et une fois établi rien ne peut l'empêcher de préparer tous les remèdes dont il connaît la formule ni d'indiquer leur provenance en les vendant sous son nom patronymique[1]. En vain prétendrait-on qu'il a embrassé la profession de pharmacien

---

1. De nombreuses décisions judiciaires ont reconnu à des pharmaciens portant le nom de Boyer le droit de fabriquer et de vendre sous leur nom de l'*Eau de Mélisse des Carmes,* en concurrence avec Amédée Boyer, de la rue Taranne, et ses successeurs (Trib. corr. Seine, 12 août 1875 : Amédée Boyer c. Roger Boyer ; *id.,* 9 novembre 1875 : Amédée Boyer c. Cassius Boyer).

dans le but unique de faire tourner à son profit la notoriété attachée, par le fait d'un autre, au nom qu'il porte lui-même, ce ne serait pas une raison suffisante pour lui interdire l'usage de son propre nom qui constitue une propriété imprescriptible. D'ailleurs il n'y a pas à craindre, dans la pharmacie, une fraude dont l'industrie ou le commerce ont vu plus d'un exemple. Un commerçant, dans le but de faire concurrence à une maison connue, dont les produits sont appréciés par le consommateur, s'associe un individu, étranger à son commerce, qui porte précisément le nom de l'établissement rival. Il fait alors figurer ce nom dans la raison sociale et l'appose sur ses produits, comptant bénéficier de l'erreur que cette similitude ne manquera pas de faire naître dans le public. Toutes les fois que cette ruse leur a été prouvée, les tribunaux n'ont point hésité à en faire bonne justice en interdisant de faire figurer dans la raison sociale le nom d'un individu qui n'est pas un associé sérieux, mais un homme de paille, un instrument de concurrence déloyale[1].

---

1. Voir Pouillet, nos 390, 488 et suiv., et la jurisprudence citée par l'auteur.

Quand il s'agit de la préparation et de la vente des remèdes, cette fraude, comme nous le disions, n'est pas à craindre ; car, pour exercer la pharmacie, et par conséquent pour vendre des médicaments, il faut avoir subi des examens et posséder un diplôme, formalités qui rendent impossible une association frauduleuse avec un prête-nom étranger à la pharmacie.

13. Cession du nom par un homonyme. — Si le pharmacien ne peut s'associer un tiers portant le nom d'un inventeur ou d'un premier préparateur, a-t-il le droit d'acheter ce nom et d'en faire usage ? La cession d'un nom patronymique n'est défendue par aucune loi, et nous la croyons permise en principe ; mais dans l'espèce elle serait évidemment frauduleuse et constituerait un moyen de concurrence déloyale que les tribunaux auraient le droit et le devoir d'interdire.

Il a été jugé dans ce sens qu'un commerçant ne peut prétendre justifier l'usage qu'il a fait du nom d'un concurrent par ce motif qu'il aurait acheté à prix d'argent, à un homonyme quelconque de ce concurrent, le droit de se servir de son nom ; une cession faite dans un but de concurrence déloyale étant évidemment frauduleuse et ne pouvant devenir le fondement d'un droit (Besançon, 30 novembre 1861 : Lorimier c. Bovet, Le Hir, 1862, 2, 521)[1].

Faudrait-il décider de même dans le cas où l'homonyme qui cède son nom serait un ancien pharmacien retiré ? Nous le pensons, car cette cession, comme la précédente, ne peut être motivée que par une intention de concurrence déloyale. Mais elle deviendrait parfaitement licite si le pseudonyme cédait avec son nom la pharmacie elle-même[2]. Le cessionnaire aurait alors le droit incontestable de mettre sur son enseigne et sur ses produits le nom du cédant, à la condition toutefois d'indiquer sa qualité de successeur. Ajoutons qu'il jouirait de cette faculté, sous la même réserve, dans le cas où la pharmacie lui serait cédée seule, sans le nom du prédécesseur, à moins bien entendu que ce dernier ne lui eût expressément interdit l'usage de son nom[3].

1. Voir Pouillet, 493 et *seq.*

2. Trib. cor. Seine, 9 décembre 1875 : Amédée Boyer c. dame Lemit-Doucet.

3. Rendu, n° 518 ; Bédarride, n° 466 ; Pouillet, n° 548 et *seq.* — Voir *infrà*, n° 162.

14. Précautions que doit prendre l'homonyme. — Si le pharmacien qui porte le nom d'un inventeur ou d'un préparateur connu peut librement faire usage de son nom patronymique, il doit prendre les mesures nécessaires pour éviter une confusion trop facile. Ainsi, par exemple, il fera précéder son nom de famille de son prénom ; il donnera à ses prospectus, à ses étiquettes, à son enseigne un aspect différent. Dans le cas où il chercherait, au contraire, à multiplier les chances d'erreur que la similitude de nom rend déjà si nombreuses, il se rendrait coupable d'une concurrence déloyale et les tribunaux lui ordonneraient de prendre les précautions qu'il a négligées [1].

Il a été jugé que, lorsqu'un industriel se plaint de la concurrence déloyale qui lui est faite par l'abus du même nom et par les énonciations des étiquettes et prospectus d'un concurrent, il appartient aux tribunaux d'ordonner toutes les mesures qu'ils jugent nécessaires pour faire cesser la confusion entre les deux établissements et leurs produits (Cass., 27 mars 1877 : Landon c. Renault, PATAILLE, 1877-92).

1. POUILLET, 502 et *seq.*

Qu'en cas de similitude de nom entre deux commerçants, les juges peuvent non-seulement obliger le nouveau venu à faire précéder son nom d'un ou plusieurs de ses prénoms, et à indiquer son origine et l'époque de la création de sa maison, mais encore régler la dimension des caractères et la place que devront occuper ces inscriptions (Cass., 30 janvier 1878 : veuve Érard c. Nicolas Érard, PATAILLE, 1878-225).

15. *Noms analogues*. — L'homonyme ayant le droit de faire usage de son nom sous la réserve que nous venons d'indiquer, à plus forte raison faut-il reconnaître ce même droit au pharmacien qui porte un nom présentant une analogie plus ou moins rapprochée avec celui de l'inventeur ou du premier préparateur. Ainsi, deux pharmaciens dont les noms se ressemblent par la consonnance et diffèrent par l'orthographe, MM. Guyot et Guillot, peuvent préparer et vendre un même produit, le goudron, pourvu toutefois qu'ils s'abstiennent vis-à-vis l'un de l'autre de toute concurrence déloyale et de toute contrefaçon d'étiquettes (Cass., 26 juillet 1873 : Torchon c. Guillot,

PATAILLE, 1877-226). De même M. Bœuf
a pu, sans se rendre coupable d'une usurpation de nom, vendre un produit vulgarisé par
M. Bobœuf, *le Phénol;* mais il a été jugé que
cette analogie de nom rendait plus condam-
nable la confusion d'étiquettes et de produits
qu'il avait cherché à produire (Trib. corr.
Seine, 3 mars 1877 : héritiers Bobœuf c.
Bœuf, PATAILLE, 1878-138)[1].

16. *Raison sociale et commerciale.* — Le
pharmacien ne peut s'associer, pour l'exploitation de son officine un individu non muni
d'un diplôme ; mais aucune loi n'interdit à
deux pharmaciens de former ensemble une
Société, l'un étant par exemple propriétaire de
la pharmacie, l'autre le gérant, ou bien tous
deux ayant une part égale dans la gérance et
dans la propriété. Dans ce cas, ils peuvent
donner leurs deux noms réunis aux remèdes

1. *Voir* C. Paris, 2 juillet 1874 : Bugeaud c. Bourgeaud (*Gaz. Trib.*, 14 juillet 1874). Cet arrêt prescrit à
M. Bourgeaud de modifier la couleur du papier qui enveloppe ses bouteilles et de faire précéder son nom d'un de
ses prénoms écrit en lettres de même grandeur, sur tous
ses documents commerciaux et sur les verres de ses bouteilles.

qu'ils inventent comme aux préparations qu'ils composent. La loi de 1824, à peine avons-nous besoin de le dire, protège cette raison sociale, qui n'est qu'un assemblage de noms patronymiques. En est-il de même de la désignation quelconque d'une pharmacie, comme par exemple : *Pharmacie rationnelle, normale, centrale, etc., etc.*? Assurément ; car la loi de 1824 ne garantit pas seulement la propriété du nom de famille, elle vise encore d'une façon expresse la raison commerciale qui doit s'entendre de toute désignation donnée à une fabrique et par conséquent à une pharmacie où se préparent ou se fabriquent les remèdes.

Il a été jugé qu'il y a concurrence déloyale de la part du pharmacien qui, exploitant une officine sous le nom de : *Pharmacie rationnelle,* ajoute plus tard à ce nom les mots de : *centrale de France (Pharmacie rationnelle centrale de France),* alors qu'un concurrent est déjà en possession de la dénomination : *Pharmacie centrale de France* (Trib. com. Seine, 24 juillet 1857 : Dorvault c. Hureaux, PATAILLE, 1858-125); — qu'il y a concurrence déloyale à prendre une désignation telle que *London dispensary,* déjà adoptée par un concurrent (Paris, 20 juin 1859 : Schorthose c. Hogg, *Le Droit,* n° 150).

. Si, au lieu d'être employées sous forme d'enseigne ou dans des annonces ou prospectus, .les dénominations précédentes avaient été apposées sur des produits, c'est-à-dire sur des remèdes, il n'y aurait pas eu seulement une concurrence déloyale, mais bien une véritable usurpation de nom punie par la loi de 1824. Mais il est bien entendu que, pour être protégée, la raison commerciale doit consister dans une désignation qui n'est point générique ni nécessaire. Autrement, chacun serait libre d'en faire usage sous toutes les formes.

Il a été décidé, par exemple, que le nom de *Pharmacie centrale* est dans le domaine public et que l'emploi ne peut en être interdit (Trib. com. Seine, 24 décembre 1874, *Droit,* 1875, 5).

Ce que nous venons de dire de la raison sociale ou commerciale s'applique également au nom appartenant à une réunion d'individus, par exemple à une communauté religieuse.

Ainsi, il a été jugé que toute personne peut faire et vendre l'*Eau de Mélisse* inventée par les *Carmes ;* mais que, tant qu'il y aura un établissement ayant le droit de se dire le cessionnaire ou le successeur des Carmes, on ne pourra vendre cette eau sous le nom d'*Eau de Mélisse des Carmes* (Trib. com. de Paris, 11 avril 1835 et Cour de Paris, 12 avril 1835, *Gaz. des Trib.*, 23 avril et 12 mai). Ainsi encore, de nombreuses décisions judiciaires ont reconnu aux *Chartreux*, aux *Bénédictins* le droit de revendiquer à leur profit les dispositions de la loi de 1824 [1].

17. *Pseudonymes.* — Il peut arriver qu'un industriel ou un commerçant soit connu sous un nom de fantaisie, un sobriquet, qui peu à peu et par la force de l'usage s'est substitué à son nom patronymique, aujourd'hui complètement oublié. Nul doute que la loi ne protège cette appellation, ce pseudonyme qui est devenu le véritable nom commercial du fabricant. Dans ce cas, l'usurpation du nom de famille ignoré dans le commerce ne constituerait pas le délit prévu et puni par la loi de 1824. Quant au propriétaire du nom employé comme pseudonyme, nous estimons qu'il ne pourrait en interdire l'usage que s'il en éprouvait un préjudice

1. **Pouillet**, n⁰ˢ 376, 377 et les notes.

appréciable, par exemple s'il exerçait la même industrie ou le même commerce[1].

18. Initiales et Chiffres. — Quelquefois le fabricant, au lieu d'apposer sur ses produits son nom tout entier, n'y fait figurer que ses initiales : pourra-t-il, en vertu de la loi de 1824, poursuivre un concurrent qui ferait usage des mêmes lettres ? Nous ne le pensons pas, car il n'y aurait point là l'usurpation du nom ou de la raison sociale dans le sens de la loi. Mais, comme nous le verrons plus tard, les initiales pourraient être déposées comme marque de fabrique, et elles seraient alors protégées par la loi de 1857. Nous en dirions autant d'un chiffre ou d'un signe quelconque apposé sur les produits[2].

1. POUILLET, nos 378, 380.
2.   Ibid.   nos 282, 283.

CHAPITRE II

Noms de localités. — Eaux minérales.

—

SOMMAIRE :

19. La loi protège les noms de localités. — 20. Eaux minérales et thermales. — 21. A qui appartient le nom des sources d'eaux minérales ? — 22. Limites de la localité. — 23. Le nom de localité peut devenir dénomination nécessaire. — 24. Eaux artificielles. — 25. La loi de 1824 s'applique-t-elle aux eaux minérales ?

19. La loi protège les noms de localités. — Certains produits sont connus et désignés sous le nom du lieu où ils se fabriquent ; ils ont acquis une sorte de réputation collective que la loi devait nécessairement garantir. En effet, et cela est vrai surtout quand il s'agit de substances médicamenteuses, l'acheteur est intéressé à ce qu'on ne le trompe sur aucune des circonstances qui déterminent et prouvent l'origine du produit. Pour la composition pharmaceutique, c'est principalement le nom du préparateur qu'il considère ; mais, pour le remède simple consistant en une substance naturelle, c'est le lieu de provenance qui appelle son attention. Qu'on le trompe sur l'une ou sur l'autre des garanties qu'il recherche, la fraude est la même et la loi de 1824 la punit de la même manière.

Le lieu dont la loi protège le nom peut être une contrée, une ville, une localité quelconque, ce peut être aussi un domaine privé. Dans le premier cas, tous les fabricants de la même localité ont, bien entendu, le droit de prendre son nom et d'en interdire l'usage à leurs concurrents étrangers. Dans le second cas, le propriétaire seul du domaine peut employer un nom qui lui appartient exclusivement au même titre que le domaine lui-même.

De nombreuses décisions judiciaires ont appliqué cette règle au nom de la *Grande-Chartreuse* dont les usurpations, même les plus déguisées, ont été rigoureusement punies. Ainsi les tribunaux ont interdit l'emploi des mots : « *Liqueur des Chartreux*[1] » ; « *Liqueur*

1. Trib. corr. Lyon, 8 mai 1855 : Garnier c. Charrière et autres, PATAILLE, 79-308.

de la Grande-Chartreuse superfine[1] » ; « *Liqueur fabriquée à la P^{te}-Chartreuse*[2] » ; « *Liqueur fabriquée à l'ancienne Chartreuse*[3] » ; « *Chartreuse Lesprit*[4] » ; « *Chartreuse Gallifet*[5] ».

Il a été jugé dans le même sens que, si la fabrication de l'*Eau de Mélisse des Carmes* dont la manipulation est consignée au Codex ne peut faire l'objet d'aucun privilège exclusif, la Société veuve Boyer, Renouard et Cie n'en a pas moins le droit de revendiquer la fabrication de ce même cordial suivant la formule *des Carmes déchaussés de la rue de Vaugirard* dont elle est l'héritière (C. Paris, 7 juin 1878).

20. Eaux minérales et thermales. — Il existe toute une catégorie de remèdes qui, à raison de leur nature même, sont nécessairement

1. Trib. civ. Seine, 18 janvier 1879 : Grézier c. Solon frères, PATAILLE, 79-310.

2. Trib. corr. Seine, 29 janvier 1879 : Grézier c. Detang, PATAILLE, 79-314.

3. Grenoble, 14 février 1879 : Grézier c. Rivoire, PATAILLE, 79-324.

4. Trib. civ. Seine, 23 avril 1879 : Grézier c. Poullain, PATAILLE, 79-327.

5. Lyon, 1er août 1879 : Grézier c. Gallifet et autres, PATAILLE, 79-331.

désignés sous le nom de la localité où ils se trouvent et s'exploitent. Telles sont les eaux minérales et thermales. Ces eaux jouent aujourd'hui un rôle considérable dans la thérapeutique, et leur usage prend chaque jour une extension nouvelle, soit qu'on les consomme sur place, c'est-à-dire au lieu même de leur source, soit qu'on les renferme dans des récipients pour les exporter et les employer au dehors.

Les sources d'eaux thermales peuvent appartenir à l'État, aux communes, aux hospices, à de simples particuliers. Dans tous les cas, leur exploitation est soumise à la surveillance administrative (Ord. du 18 juin 1823), et des mesures sont prises pour leur conservation et leur aménagement (Loi du 14 juillet 1856). Nous nous bornons à signaler cette situation sans entrer dans des détails qui sortiraient du cadre de notre étude.

21. A qui appartient le nom des sources minérales et thermales? — Si, comme il arrive le plus souvent, les sources sont connues sous le nom de la localité où elles se trouvent, tous les propriétaires dans la même contrée ont un droit égal à l'usage de ce nom. En vain celui qui a exploité la première source et qui en a fait connaître les eaux, prétendrait-il interdire aux propriétaires voisins l'emploi de la même dénomination ; il n'a pas pu, on le comprend, accaparer à son profit le nom d'une localité, sur lequel il ne saurait avoir des droits plus étendus que les autres propriétaires de la même région.

Le docteur Choussy, concessionnaire du *Grand Établissement thermal des eaux de la Bourboule*, voulut interdire à la *Société anonyme des eaux minérales de la Bourboule* l'usage de cette dernière dénomination. Le Tribunal de commerce de la Seine rejeta sa demande en décidant : que la dénomination « eaux minérales » est générique, et « la Bourboule » un nom géographique ; qu'ils sont l'un et l'autre dans le domaine public et qu'on ne pouvait reprocher à la Société anonyme de les avoir employés dans sa raison sociale (Trib. com. Seine, 22 mai 1876 ; *Droit*, n° 136).

22. *Limites de la localité.* — La localité a naturellement pour limites la ligne de démarcation géographique qui en détermine l'étendue. Si elle consiste, par exemple, dans une commune, elle comprend tout le territoire de cette circonscription administrative. Nous devons en conclure que les propriétaires de sources situées au-delà des frontières de la localité n'ont pas le droit de prendre le nom de cette dernière, alors même que leurs eaux présenteraient des caractères et des vertus analogues ou tout à fait identiques. S'il en était autrement, on verrait se produire de regrettables abus, car il serait impossible de déterminer d'une façon précise la distance à laquelle finit le droit de prendre le nom de la localité. On exploiterait sous ce nom connu des eaux provenant des sources les plus éloignées, et le consommateur serait singulièrement trompé sur leur origine à laquelle, à tort ou à raison, peu importe, il attache presque toujours la plus grande importance.

23. *Le nom de la localité peut devenir dénomination nécessaire.* — Toutefois, cette règle ne doit pas être appliquée avec trop de rigueur. Il peut arriver, en effet, que le nom d'une localité devienne la dénomination nécessaire et générique d'une certaine nature d'eaux minérales. Dans ce cas, on ne saurait interdire aux propriétaires de sources voisines, ou même éloignées, le droit de donner à leurs eaux un nom qui indique leur nature et leurs effets. Mais ils devront, bien entendu, prendre les mesures nécessaires pour prévenir toute confusion, et en mettant sur leurs étiquettes le nom de la source connue, ils devront indiquer aussi la localité dans laquelle ils puisent leurs eaux minérales d'espèce analogue.

Il a été jugé dans ce sens : que l'autorisation concédée à un particulier d'exploiter une source d'eau minérale qu'il possède dans le voisinage d'une source semblable *(celle de Vichy)* exploitée par l'État, ne peut contenir la restriction que ce particulier ne pourra faire figurer d'une manière quelconque le nom de cette dernière source sur ses prospectus et affiches à côté du nom de la source qui est sa propriété (Cons. d'État, 29 août 1865 ; DALLOZ, 67-5-154).

En édictant une pareille interdiction, l'autorité administrative avait assurément excédé ses pouvoirs ; mais nous croyons aussi que les tribunaux de l'ordre judiciaire, seuls compétents pour trancher une question de cette nature, ne pourraient pas interdire d'une manière absolue l'emploi d'un nom qui est devenu la dénomination nécessaire d'une eau minérale.

Ainsi, il a été jugé que la Compagnie propriétaire des sources Élisabeth et Sainte-Marie, à Cusset, près Vichy, avait le droit de donner à ses eaux le nom d'*Eaux minérales de Vichy*, mais à la condition d'indiquer sur ses étiquettes que ses sources sont situées à Cusset, et d'éviter ainsi toute confusion avec la Compagnie fermière de l'établissement thermal de Vichy (Trib. Seine, 13 février 1881).

24. Eaux artificielles. — Les pharmaciens peuvent composer et vendre des eaux minérales artificielles : ce droit leur est formellement reconnu par l'ordonnance du 18 juin 1823 (art. 1er). Leur est-il permis de donner à ces eaux préparées le nom des sources naturelles dont elles reproduisent artificiellement la composition ? Nous le croyons, car autrement la faculté que la loi leur accorde serait illusoire, et les propriétaires d'eaux minérales confisqueraient à leur profit la vente des eaux artificielles dont le débit est impossible sans l'emploi du nom qui les caractérise et fait connaître leur nature. Mais, à peine avons-nous besoin de le dire, le pharmacien qui vend des eaux artificielles doit prendre les mesures nécessaires pour prévenir toute confusion avec les eaux naturelles ; il doit indiquer sur ses étiquettes et dans ses prospectus que les eaux débitées par lui proviennent de sa fabrication. En contrevenant à cette règle, il tromperait le consommateur sur la provenance de ses produits et se rendrait coupable d'une usurpation de nom ou d'une concurrence déloyale[1].

Il a été jugé en ce sens que le propriétaire d'une source d'eau thermale ne saurait revendiquer la propriété privative du nom de cette source, jusqu'au point de l'interdire à ceux qui fabriqueraient artificiellement des eaux minérales ; il suffit que le fabricant d'eaux factices compose son étiquette de façon à rendre toute confusion impossible ; admettre le système contraire, ce serait prohiber la fabrication artificielle et priver de leurs secours ceux qui sont placés trop loin pour en user (Lyon, 7 mai 1841 : Goin c. Pidot ; DALLOZ, 42-2-27).

25. *La loi de 1824 protège-t-elle les eaux*

1. POUILLET, n° 408.

minérales ? — Il n'est pas douteux que le propriétaire d'une source d'eaux minérales ne soit fondé à interdire l'usage soit de son propre nom, soit du nom de la localité où jaillit la source. Une semblable usurpation constitue certainement une concurrence déloyale ; mais tombe-t-elle sous l'application de la loi de 1824? Nous ne le pensons pas ; la loi, en effet, ne vise uniquement que les *objets fabriqués,* expression qui nous paraît exclure les produits naturels vendus sans avoir subi aucune manipulation préalable ; tel est bien le cas des eaux minérales qui sont mises en bouteille au sortir de la source et ne reçoivent pas la moindre préparation, puisqu'elles sont précisément appelées *eaux naturelles* [1].

Ainsi, il a été jugé, à l'occasion de l'*Eau d'Hunyadi-Janos,* que la loi de 1824 n'est applicable qu'aux altérations et suppositions de noms de fabricants sur des produits fabriqués (C. Paris, 29 juin 1882. *Loi* 16 juillet).

---

[1]. CALMELS, no 123 ; — BÉDARRIDE, no 783 ; — *Contra* POUILLET, no 424. — V. *infra* no 29.

CHAPITRE III

Contrefaçon.

—

26. Quels faits constituent le délit de contrefaçon? — Nous avons déjà eu l'occasion de dire que le délit consistait dans l'apposition du nom usurpé sur les produits ; l'usage de ce même nom dans des annonces, des prospectus, des enseignes, ne tomberait pas sous l'application de la loi de 1824 et ne pourrait donner lieu qu'à une poursuite en concurrence déloyale.

Voici, d'ailleurs, le texte même de la loi des 26 juillet-4 août 1824 (art. 1) qui définit et réprime l'usurpation du nom commercial :
« Quiconque aura, soit apposé, soit fait appa-
« raître par addition, retranchement, ou par
« une altération quelconque, sur des objets
« fabriqués, le nom d'un fabricant autre que
« celui qui en est l'auteur ou la raison com-
« merciale d'une fabrique autre que celle où
« lesdits objets auraient été fabriqués, ou enfin
« le nom d'un lieu autre que celui de la
« fabrication, sera puni des peines portées en
« l'article 423 du Code pénal, sans préjudice
« des dommages-intérêts s'il y a lieu.

« Tout marchand, commissionnaire ou débi-
« tant quelconque sera passible des effets de
« la poursuite, lorsqu'il aura sciemment exposé
« en vente ou mis en circulation les objets
« marqués de noms supposés ou altérés. »

27. *Que faut-il entendre par l'apposition sur des produits?* — Il existe un grand nombre de produits qui, à raison de leur forme et de leur nature, ne sont pas susceptibles de recevoir l'apposition directe du nom. Tels sont la plupart des produits pharmaceutiques, consistant en des poudres, liquides ou pâtes, sur lesquels, on le conçoit, il est matériellement impossible d'appliquer aucune dénomination. Aussi le fabricant de ces produits est-il dans la nécessité d'apposer son nom sur les flacons, boîtes ou enveloppes quelconques qui les renferment. Il est dès lors en droit de poursuivre ses concurrents qui, faisant un usage illicite de son nom, l'apposeraient, non pas sur les produits eux-mêmes, ce qui est impraticable, mais sur leurs récipients. Autrement, la loi de 1824 serait, dans la plupart des cas, lettre morte, et elle laisserait sans protection presque tous les produits pharmaceutiques[1].

28. *La loi protège le débitant.* — Il peut arriver que le pharmacien appose son nom sur des produits qu'il ne fabrique pas lui-même et qu'il se borne à débiter. Pourra-t-il invoquer le bénéfice de la loi de 1824, qui ne s'applique expressément qu'aux produits fabriqués? Nous le croyons, car on ne saurait invo-

---

1. CALMELS, n° 123. — POUILLET, n° 413.

quer un motif sérieux pour laisser sans garantie le débitant qui a l'intérêt le plus légitime à faire connaître au public la provenance des produits sortant de sa maison, et à se protéger contre la fraude de ses concurrents.

29. *La loi de 1824 ne s'applique pas aux produits naturels.* — Nous avons déjà dit, à l'occasion des eaux minérales, que la loi faite pour les *objets fabriqués* ne s'appliquait pas aux *produits naturels*. Nous sommes, en effet, en présence d'une disposition pénale qu'il faut renfermer dans ses termes précis sans l'étendre à des cas qu'elle n'a point expressément prévus. Le pharmacien qui a attaché son nom à un produit naturel employé par la thérapeutique ne pourra donc, s'il est victime d'une usurpation, qu'exercer une action en concurrence déloyale. Il en sera de même de l'habitant d'une localité qui a donné son nom à un produit naturel : l'usage illicite de ce nom ne constitue pas un délit et ne peut qu'ouvrir une action en réparation du préjudice causé (V. *supra* n° 25).

30. *Altération du nom, addition ou retranchement.* — La loi ne punit pas seulement l'apposition brutale d'un nom supposé sur des produits ; elle atteint encore toutes les fraudes qui peuvent être employées pour imiter le nom d'un concurrent et tromper le consommateur. Ainsi, par exemple, un pharmacien, au moyen d'une bande, d'une étiquette ou d'un mode de pliage habilement disposé, fait disparaître sur une enveloppe le commencement ou la fin de son nom, dont la partie restante figure le nom d'un inventeur ou d'un premier préparateur connu ; ce fait constitue l'usurpation par altération ou retranchement, prévue spécialement par la loi de 1824.

Une fraude analogue a été pratiquée dans le commerce des biberons. Elle consiste à prendre une bouteille d'un biberon connu (Darbo ou Robert) et à y adapter un appareil de succion défectueux ne provenant pas de la même fabrication. Les tribunaux ont vu avec raison dans ce fait une infraction à la loi de 1824 (Trib. civ. Seine, 25 juin 1879 : Goguey c. Delanne, PATAILLE, 1881-164. — *Id.*, 11 mars 1882 : Robert c. Touéry).

Le délit serait consommé par addition, dans le cas où le nom usurpé, au lieu d'être employé seul, serait précédé ou suivi d'une autre dénomination. Ainsi, il a été jugé qu'il y avait usurpation du nom de *Chartreuse* dans le fait d'apposer sur des produits un nom tel que *Saint-Pierre de Chartreuse* (Trib. corr. Grenoble, 2 avril 1857 : Garnier c. Barthe, PATAILLE, 58-119).

31. Complicité. — On comprend que la loi serait incomplète et souvent inefficace si elle se bornait à punir l'auteur de l'apposition du nom supposé sur des produits ; aussi permet-elle d'atteindre les intermédiaires qui facilitent et propagent la contrefaçon, c'est-à-dire les marchands, commissionnaires ou débitants quelconques, qui exposent en vente ou mettent en circulation les objets marqués de noms usurpés.

Si, comme il arrive souvent, la fabrication de ces produits se consomme au-delà de nos frontières, la victime de l'usurpation peut atteindre et faire condamner en France, à défaut du fabricant lui-même, les débitants qui vendent sur notre sol les produits revêtus de noms supposés. Ce sont des complices qui peuvent être poursuivis et punis indépendamment de l'auteur principal.

Lorsque les produits étrangers, sans être vendus ou exposés en vente, traversent notre territoire en transit, le fabricant français dont ils portent indûment le nom a-t-il le droit de les saisir ? Nous croyons qu'il y a bien là une *mise en circulation* dans le sens de la loi et que par suite la saisie peut être valablement pratiquée. Décider autrement, ce serait favoriser une fraude bien connue qui consiste à faire traverser notre territoire à des produits d'origine étrangère pour leur donner le caractère apparent d'une fabrication française (Paris, 14 juillet 1854, et Rej., 7 déc. 1854 : Morin c. Gaupillat, PATAILLE, 56-209)[1].

Bien que la loi n'ait parlé que des marchands, commissionnaires ou débitants quelconques, nous croyons qu'il faut considérer comme complices et punissables à ce titre, ceux qui ont préparé ou facilité l'usurpation. Tels sont, par exemple, le graveur qui a fabriqué le cachet servant à l'apposition du nom supposé, et l'imprimeur qui a composé et tiré les étiquettes contrefaites. Ils tombent l'un et

1. *Contra* Paris, 19 nov. 1850 : Jouvin c. Pirenet. — *Id.*, 19 nov. 1850 : Mothes c. Péchier, DALLOZ, 1851-2-15.

l'autre sous l'application des articles 59 et 60 du Code pénal qui tracent les règles générales sur la complicité.

32. *Bonne foi.* — L'usurpation du nom constituant un délit ne peut être punie qu'à la condition d'avoir été consommée sciemment, c'est-à-dire de mauvaise foi. C'est là un principe fondamental de notre législation criminelle auquel la loi de 1824 n'apporte aucune dérogation. L'auteur principal de l'usurpation ne pourra jamais invoquer sa bonne foi, car il est impossible, on le comprend, qu'il appose par mégarde et sans intention frauduleuse sur ses produits un nom qui n'est pas celui du véritable fabricant. Mais il n'en est pas de même pour le complice, qui peut ignorer la contrefaçon dont il se fait l'intermédiaire ou le propagateur inconscient.

33. *A qui appartient le droit de poursuite?* — Si le nom usurpé appartient à un particulier, fabricant ou commerçant, celui-ci peut poursuivre la répression d'un délit qui lui cause un préjudice direct. S'agit-il du nom d'une localité, l'action peut être exercée par chacun des habitants de cette localité qui se trouve naturellement lésé dans une certaine mesure par l'usurpation. Il est bien évident que tous les habitants ou un certain nombre d'entre eux peuvent s'associer pour intenter une action commune. Cette union présentera le double avantage de diminuer les frais répartis sur plusieurs têtes et de donner à la poursuite plus de force et d'autorité. Mais chacun reste libre d'intenter une action isolée sans être enchaîné par l'inertie ou l'indifférence de ses voisins.

L'usurpation du nom ne porte pas seulement préjudice au fabricant ou à la localité victime de la spoliation ; elle cause encore un dommage au consommateur trompé sur l'origine des produits qu'il achète. Celui-ci peut en conséquence poursuivre l'auteur du délit, soit en vertu de la loi de 1824, soit en vertu de l'article 423 du Code pénal, qui punit la tromperie sur la nature des marchandises.

Si aucune des parties lésées ne prend l'initiative d'une action en justice, le ministère public peut, d'office, poursuivre la réparation d'un délit qui porte une grave atteinte à l'industrie, au commerce et aux consommateurs eux-mêmes. Quand il s'agit de remèdes, la vigilance du parquet doit être tout particulièrement mise en éveil, car la contrefaçon peut compromettre la santé publique.

34. L'inventeur d'un remède secret peut-il poursuivre l'usurpation de son nom? — Nous savons que la vente des remèdes secrets est interdite ; lorsque l'inventeur d'un remède de cette nature poursuit un concurrent qui usurpe son nom, peut-on lui répondre : « Vous n'avez pas le droit de vendre le remède auquel votre nom est attaché ; par conséquent vous ne pouvez exercer aucune poursuite à l'occasion d'un médicament qui n'est pas dans le commerce. » L'objection ne serait pas sérieuse. En effet, si le remède est frappé d'interdit, le nom de son inventeur fait l'objet d'un droit de propriété très légitime auquel on ne saurait, sous aucun prétexte, refuser la protection de la loi. Les tribunaux devront en conséquence punir l'usurpateur du nom, sauf, bien entendu, à sévir contre l'inventeur du remède secret, si le parquet les y invite. La même question se poserait et devrait recevoir la même solution si la poursuite était intentée par un individu non pharmacien, inventeur ou préparateur d'un remède auquel son nom est attaché.

Il a été jugé, en matière de marques de fabrique et pour des raisons qui trouvent ici leur application : que si la marque est apposée par son propriétaire sur des objets dont le commerce est prohibé ou qui ne peuvent être fabriqués ou vendus que par des personnes investies d'un privilège, comme par exemple des substances médicamenteuses (dans l'espèce, de l'*Eau de Mélisse des Carmes*), il pourra résulter, s'il y a lieu, de cette fabrication ou de cette vente illicite, une poursuite pour contravention aux lois et règlements, mais qu'on ne sera pas en droit d'en induire que la marque aura cessé d'être la propriété du déposant et sera tombée dans le domaine public (Cass., 8 mai 1868 : Amédée Boyer c. François-Eugène Boyer). L'arrêt ajoute, d'ailleurs, que l'*Eau de Mélisse des Carmes* est principalement une liqueur hygiénique pouvant être fabriquée et vendue par un individu non pharmacien (*Id.,* C. Paris, 20 sept. 1839, sur renvoi après Cass.).

35. *Comment se constate le délit.* — La loi de 1824 ne trace à cet égard aucune voie spéciale : il faut en conclure que la constatation peut être faite par les moyens ordinaires, par des factures, par la production des produits incriminés, par des témoignages ou de toute autre façon. Voici cependant le moyen le plus simple et le plus sûr de constater le délit : il consiste à faire présenter chez le pharmacien auteur de l'usurpation un huissier qui demande le remède contrefait, l'achète et dresse sur le champ un procès-verbal. Ainsi le contrefacteur ne peut nier ni le fait de la vente, ni l'identité du produit vendu, car la déclaration de l'huissier sur l'un et l'autre point fait foi jusqu'à inscription de faux.

Le fabricant dont le nom est usurpé pourrait-il, pour constater le délit, faire pratiquer une saisie suivant les règles tracées, comme nous le verrons plus tard, par la loi de 1857 sur les marques de fabrique et de commerce? Malgré l'analogie de la situation, il ne nous paraît pas possible d'emprunter à cette loi une procédure qui n'a pas été étendue à notre matière. D'ailleurs, le mode de constatation par huissier que nous avons indiqué plus haut sera presque toujours praticable et remplira le but de la saisie.

36. Tribunaux compétents. — L'usurpation de nom étant un délit, la poursuite doit être intentée devant le tribunal correctionnel, qui prononce la peine et statue sur les dommages-intérêts. Mais l'action civile en réparation du préjudice causé peut être exercée seule, indépendamment de toute poursuite correctionnelle. Devant quel tribunal doit-elle être portée? La loi de 1857 attribue à la juridiction civile la connaissance de toutes les actions relatives aux marques de fabrique ; mais la loi de 1824 ne contient aucune disposition de cette nature. La doctrine et la jurisprudence en ont conclu que les demandes en réparation du préjudice causé par l'usurpation du nom devaient être introduites devant le tribunal de commerce. Telle est l'opinion de M. Rendu (n° 461), combattue par M. Pouillet (n° 442), qui conclut à l'application à notre matière, de la règle de compétence écrite dans la loi de 1857. Nous nous rangeons à l'avis de cet auteur, mais par une raison différente : suivant nous, les actions relatives au nom doivent être portées devant les tribunaux civils, non pas précisément à cause de leur analogie avec les actions relatives aux marques, mais parce qu'elles soulèvent des questions de propriété dont la connaissance est exclusivement réservée à la juridiction civile.

37. Pénalités, Réparations. — La loi de 1824 renvoie, pour la répression du délit, à l'article 423 du Code pénal, qui prononce les peines suivantes : 1º un emprisonnement de trois mois au moins, un an au plus, et une amende qui ne peut excéder le quart des restitutions et dommages-intérêts ni être au-dessous de cinquante francs ; 2º la destruction des marques ou étiquettes portant le nom supposé ; 3º la confiscation des objets du délit ou leur valeur s'ils appartiennent encore au vendeur ; 4º l'affiche du jugement et son insertion dans les journaux.

A la différence de la confiscation, qui est obligatoire et doit être prononcée même en cas d'acquittement du prévenu, l'affiche et l'insertion constituent des peines facultatives laissées à l'appréciation du tribunal.

La confiscation ne s'applique pas seulement aux étiquettes, flacons ou enveloppes portant le nom usurpé : elle peut encore s'étendre à la marchandise elle-même. Les juges ont à cet égard un pouvoir d'appréciation souverain.

Lorsque le nom est apposé directement sur le produit, la confiscation de ce dernier s'impose nécessairement. Les objets confisqués sont remis au plaignant et contribuent ainsi à la réparation du préjudice causé par la contrefaçon.

Cette réparation est complétée par des dommages-intérêts qui peuvent être alloués à la partie lésée, soit par le tribunal civil saisi de la demande, soit par la juridiction répressive qui connaît du délit.

CHAPITRE IV.

Droit des Étrangers.

—

38. Les étrangers peuvent-ils interdire en France l'usage de leur nom ? — Le nom constitue une véritable propriété ; son usurpation, comme nous venons de le voir, est un délit : il semble donc qu'à ce double titre l'étranger doive être admis à en réclamer la protection sur notre territoire. D'une part, en effet, la garantie de la propriété procède du droit naturel et présente en quelque sorte un caractère international ; d'autre part, les lois de police, c'est-à-dire les lois pénales, régissent en France les étrangers qui, par conséquent, doivent pouvoir les invoquer à leur tour. Ajoutons que le consommateur français est aussi bien lésé par l'usage illicite d'un nom étranger que par l'usurpation d'un nom français, car dans l'un et l'autre cas il est également induit en erreur sur l'origine et la provenance du produit qu'il achète.

Toutefois une jurisprudence à peu près unanime refuse aux étrangers le droit de poursuivre l'usurpation de leur nom commercial sur notre territoire. Ainsi, d'après cette jurisprudence consacrée à maintes reprises par la Cour de cassation, tout pharmacien peut vendre impunément en France des remèdes sous le nom de l'inventeur ou du premier préparateur étranger. Il ne sera justiciable que de sa conscience et les tribunaux l'acquitteront s'il est poursuivi.

La question s'est présentée pour l'*Eau d'Hunyadi-Janos* exploitée par M. Sasclehner. Ce dernier appartenant à une nationalité étrangère, pouvait-il, pour un produit portant le nom d'un tiers étranger, invoquer la loi de 1824 ? La Cour de Paris a évité de résoudre la question en décidant que la loi de 1824 ne s'appliquait pas aux produits naturels (V. *supra*, n° 25).

39. *Cas où l'étranger peut interdire en France l'usage de son nom.* — L'étranger a droit au respect de son nom sur notre territoire quand les Français trouvent la même protection dans le pays auquel il appartient, soit en vertu d'une disposition législative, soit par l'effet d'une convention diplomatique. Il en est de même quand l'étranger possède un établissement en France, ou bien quand il est autorisé à y établir son domicile.

40. *Du nom des localités étrangères.* — C'est dans l'intérêt de notre industrie nationale que le législateur protège le nom des localités. Ce motif n'existant plus quand il s'agit des localités étrangères, nous devons en conclure que l'usage en est libre, en France et ne saurait en conséquence constituer le délit de contrefaçon, puni par la loi de 1824.

41. *Tromperie sur la nature ou l'origine de la marchandise.* — Quand un pharmacien vend en France un remède sous le nom de l'inventeur étranger ou d'une localité étrangère, il ne peut être poursuivi comme contrefacteur, mais il commet un délit d'un autre genre, celui de

tromperie sur la nature et l'origine de la marchandise. Si, en effet, l'inventeur étranger ou
l'habitant de la localité étrangère ne peut pas
invoquer notre loi pour se faire protéger, il en
est autrement de l'acheteur qui, trompé par
l'usage abusif d'un nom, a le droit de dénon-
cer aux tribunaux une tromperie dont il est
victime. En l'absence de toute plainte ou de
toute action de sa part, le parquet peut même
poursuivre d'office la répression d'un délit qui,
surtout quand il s'agit de remèdes, peut porter
la plus grave atteinte à la sécurité et à la santé
publiques. Il est bien évident que l'inventeur
étranger, s'il est dépourvu de toute action personnelle, a néanmoins le droit d'attirer l'attention du parquet sur le délit commis à son préjudice et de mettre ainsi l'action publique en
mouvement. Mais dans ce cas le tribunal doit
se borner à prononcer la peine édictée par la
loi, sans pouvoir accorder des dommages-
intérêts à l'étranger [1].

1. POUILLET, n⁰ 455.

LIVRE DEUXIÈME

DES MARQUES DE FABRIQUE

CHAPITRE Ier.

Ce qui constitue la Marque.

SOMMAIRE :

42. *But et utilité de la marque de fabrique.*
— L'inventeur ou premier préparateur d'un
remède est protégé, comme nous l'avons vu,
par la loi de 1824, qui prohibe et punit l'usage
illicite de son nom. Mais cette garantie n'est
pas toujours assez forte pour le faire triompher
d'une concurrence habile à imaginer les mille
ruses qui peuvent la couvrir, ou bien à profiter
de circonstances qui la rendent inattaquable.
Tantôt c'est un homonyme auquel l'inventeur
de remède ne peut interdire l'emploi de son
nom ; tantôt ce nom patronymique attaché au
produit dès son origine s'y est pour ainsi dire
incorporé et en est devenu la dénomination
nécessaire, si bien que les tribunaux le consi-
dèrent comme tombé dans le domaine public;
tantôt enfin le concurrent a soin de faire précéder un nom connu des mots : *Suivant la
formule de....* ou autre mention analogue
qui ne fait pas toujours disparaître la confusion, mais qui suffit quelquefois pour innocen-
ter l'usurpation. La jurisprudence, dont nous

avons rappelé les décisions contradictoires, autorise ces stratagèmes qui portent une grave atteinte à la propriété du nom et rendent souvent sa garantie tout à fait illusoire.

Heureusement, l'inventeur ou premier préparateur de remèdes ne reste pas toujours désarmé contre les attaques de la concurrence, et la loi du 23 juin 1857 sur les marques de fabrique lui offre une protection plus énergique et plus sûre. A côté du nom qui constitue à son profit une propriété naturelle et non susceptible de modification, il peut en créer une autre purement artificielle et dont il combine les éléments à sa fantaisie. En effet, comme nous le verrons plus tard, la marque de fabrique peut affecter les formes les plus diverses, parmi lesquelles il choisit librement celle qui lui paraît la meilleure, c'est-à-dire la plus propre à distinguer les produits de sa fabrication ou de son commerce. Si cette marque est nouvelle et réunit les conditions voulues par la loi, si de plus elle est habilement choisie et de nature à frapper les yeux ou à faire impression sur les esprits, elle constitue une garantie bien plus efficace que celle du nom avec laquelle d'ailleurs elle peut parfaitement se combiner.

Sans contester aux pharmaciens le droit de posséder une marque pour leurs produits, on a quelquefois regretté de ne pas voir reproduite dans la loi de 1857 la prohibition édictée par la loi de 1844 sur les brevets d'invention. Admettre au bénéfice de la marque l'inventeur ou premier préparateur d'un remède, c'est, a-t-on dit, lui réserver le monopole exclusif d'un produit qui doit appartenir au domaine public. Sans doute tous les pharmaciens auront le droit de vendre le même médicament, mais le consommateur exigeant la marque connue rendra cette concurrence tout à fait impossible. Malgré la justesse apparente de ces critiques, nous pensons que le droit à la marque pour les remèdes et les produits de la pharmacie en général se justifie par les meilleures raisons. Nous ne saurions mieux faire que de citer ici les paroles de M. Pouillet, qui s'exprime en ces termes : « ..... N'y a-t-il pas « parmi les pharmaciens, comme chez tous les « autres fabricants, des intelligences et des « probités différentes ? Tel plus savant ou seulement « plus honnête saura mêler et combiner « ner avec art les ingrédients qu'il emploie, il « les choisira plus purs, au risque de les payer

« plus cher, il mettra plus de soin à les pré-
« parer, il imaginera d'ingénieux procédés de
« fabrication, il mettra en œuvre des machines
« perfectionnées ; n'est-il pas juste qu'il re-
« cueille le bénéfice de sa science, de son
« talent, de son honnêteté ? Et comment le
« recueillera-t-il s'il lui est défendu de mar-
« quer ses produits et de les distinguer de
« ceux des pharmaciens[1] ? »

M. Pouillet termine en citant une décision
du Tribunal de commerce qui reconnaît de la
façon la plus formelle aux pharmaciens leur
droit incontestable à la protection de la marque.
Si, comme le dit ce jugement, le droit de préparer des médicaments inscrits au Codex est
libre pour tous, « la préparation de ces médi-
« caments peut être obtenue à l'aide de mé-
« thodes plus ou moins parfaites ; là est le
« champ industriel où chacun peut développer
« son intelligence à son profit. Il s'ensuit le
« droit évident, pour celui qui a perfectionné
« certain produit, d'y attacher son nom, qui
« devient alors une propriété commerciale,
« inviolable, ou de le désigner par certaines

----

1. POUILLET, n° 15.

« appellations que les concurrents doivent res-
« pecter pour ne pas produire une confusion
« qui pourrait être dommageable » (Trib. com.
Seine, 27 mars 1856, Gage c. Charpentier,
Pataille, 60-85).

43. La marque est facultative. — En principe, tout fabricant est libre de n'apposer aucune marque sur ses produits ; la loi de 1857
dans son article 1er le déclare expressément.
« Toutefois, ajoute cet article, des décrets ren-
« dus en la forme des règlements d'adminis-
« tration publique peuvent exceptionnellement
« déclarer la marque obligatoire pour les pro-
« duits qu'ils déterminent. » Aucune mesure
de ce genre n'a été prise pour les produits
pharmaceutiques dont la marque est par conséquent facultative.

44. La marque doit être spéciale. — Destinée à faire connaître l'origine des produits,
la marque ne remplirait pas son but si elle ne
présentait pas un caractère distinctif, une physionomie spéciale empêchant de la confondre
avec les autres. Il faut qu'elle ait, pour ainsi
dire, sa personnalité et que des traits originaux

permettent de la distinguer facilement au premier coup d'œil. A défaut de ce caractère, elle ne pourrait pas faire l'objet d'un droit privatif.

45. *La marque doit être nouvelle.* — On conçoit que la marque ne serait pas spéciale, si elle n'était nouvelle : ce dernier caractère est une condition essentielle à sa validité. Mais il n'est pas nécessaire que le signe adopté comme marque soit de création absolument nouvelle ; il suffit qu'il n'ait jamais été employé dans l'industrie où il va figurer désormais. Un pharmacien, par exemple, aurait le droit de choisir pour ses produits une marque dont il serait fait usage dans l'industrie des tissus ou dans tout autre commerce ne présentant avec le sien aucune espèce d'analogie. En résumé, la nouveauté de la marque n'est point absolue comme celle des brevets d'invention ou des dessins de fabrique ; elle est au contraire purement relative et peut résulter, comme nous venons de le voir, d'un simple transport d'une industrie dans une autre.

Il peut se faire que la marque se compose d'un certain nombre d'éléments qui concourent à lui donner un caractère de *spécialité* plus saisissant. Dans ce cas, il n'est pas nécessaire que chacun de ces éléments soit nouveau et n'ait jamais été employé comme marque ; il suffit que leur réunion, leur combinaison soit nouvelle. Ainsi, dit M. Rendu, « la marque « de tel industriel consistera dans une lettre, « celle de tel autre dans une figure géomé- « trique, celle d'un troisième dans la forme ou « dans la couleur de l'enveloppe ; un quatrième « pourra réunir légalement la couleur, la « forme, le caractère en une seule figure pré- « sentant une physionomie absolument diffé- « rente de chacun des traits déposés »[1].

46. Où doit être apposée la marque ? — La marque est destinée exclusivement à protéger les produits de l'industrie ou du commerce. Elle peut bien être apposée sur des enseignes, des prospectus, des factures, mais elle ne par- ticipe plus alors à la garantie de la loi de 1857 et son usurpation constitue une simple con- currence déloyale, sans caractère délictueux. C'est là une distinction analogue à celle que

1. RENDU, no 23.

nous avons déjà faite à l'occasion du nom commercial. Ainsi, pour être protégée par la loi de 1857, la marque doit être appliquée sur des produits ; mais il n'est pas nécessaire que l'apposition soit faite directement sur l'objet lui-même, ce qui serait quelquefois impraticable. Quand il s'agit, par exemple, de poudres, de liquides ou d'objets de petite dimension, la marque ne peut être apposée que sur les enveloppes, flacons ou autres récipients qui les renferment.

Le plus souvent la marque est apparente et disposée de manière à frapper la vue, mais ce n'est pas là une condition essentielle. Il a été jugé que la marque peut être valablement apposée sur la partie inférieure d'un bouchon caché par le goulot de la bouteille (Cass., 12 juillet 1845 : Min. pub. c. Ouvrard, *J. Pal,* 45-2-655).

47. *Produits naturels.* — La loi de 1857, plus large que la loi de 1824, ne s'applique pas seulement aux produits fabriqués ; elle protège aussi bien les produits naturels dont l'emploi est considérable dans la thérapeutique. Le pharmacien a donc le droit d'apposer sa marque sur un corps simple qu'il ne prépare pas lui-même, bien entendu, mais qu'il peut offrir plus pur, mieux conservé et par conséquent plus efficace que ne le font ses collègues.

48. Quels signes peuvent être employés comme marques? — La loi de 1827, dans son article 1er, répond ainsi à cette question : « Sont considérés comme marques de fabrique « et de commerce, les noms sous une forme « distinctive, les dénominations, emblêmes, « empreintes, timbres, cachets, vignettes, re- « liefs, lettres, chiffres, enveloppes et tous « autres signes servant à distinguer les pro- « duits d'une fabrique ou les objets d'un com- « merce. » Comme on le voit, cette énumération n'est pas limitative et la marque peut être choisie en dehors des signes qui viennent d'être mentionnés. Nous allons examiner successivement les différentes formes que peut affecter la marque, en insistant bien entendu sur celles qui sont le plus généralement employées dans la pharmacie.

49. Emblêmes et vignettes. — L'emblême est toute figure représentant soit un être animé, comme un cheval, un lion, etc., soit un objet quelconque existant dans la nature, comme une étoile, une comète, etc., soit enfin une pure création de l'esprit, comme une médaille, un signe héraldique[1]. Une figure de géométrie peut être prise comme marque, à la condition de ne pas offrir une trop grande simplicité, car alors elle ne serait pas spéciale et manquerait d'un caractère essentiel. Ainsi, il a été jugé que des lignes droites tracées parallèlement sur les faces d'un morceau de savon ne constituaient pas une désignation suffisante (Trib. com. de la Seine, 28 fév. 1844 : Demilly c. Droux).

Lorsque l'emblême consiste dans une figure compliquée formant un véritable dessin, il prend plus exactement le nom de vignette : telle est par exemple la vue d'un monument public, d'un paysage, ou bien encore une réu-

---

1. Un industriel peut adopter comme marque des médailles obtenues dans des concours ou des expositions, et il est en droit d'interdire à un concurrent qui aurait obtenu des médailles analogues, de les apposer sur ses produits de la même manière et sous le même aspect (C. Dijon, 11 déc. 1879 : Robert c. Grandjean; — C. Paris, 20 déc. 1882, id.; journal *La Loi*, 24 janv. 1883). Les médailles déposées comme marque présentaient cette particularité qu'elles étaient gravées dans le verre d'un biberon.

nion de personnages reproduisant soit une scène historique, soit un sujet de fantaisie. Dans ce cas la vignette ne constitue pas seulement une marque, elle est en outre une œuvre artistique protégée par la loi du 19 juillet 1793 ; le commerçant qui l'a créée ou fait exécuter pour son compte peut en conséquence en interdire l'usage, dans quelque industrie que ce soit ; il peut même en empêcher la reproduction pure et simple en dehors de toute idée commerciale.

50. Empreintes et reliefs ; cachets. — Au lieu d'être imprimée, la marque peut être gravée en creux ou en relief, soit sur le produit lui-même, soit sur son enveloppe. C'est la forme qu'elle prend généralement sur les bouteilles et sur les capsules métalliques employées comme bouchons. Quand l'empreinte ou le relief est gravé dans la cire ou autre substance analogue, il prend le nom de cachet et s'appose sur les enveloppes de toute nature qu'il sert à fermer.

51. Lettres et chiffres. — Un lettre isolée peut être prise comme marque, pourvu, bien entendu, qu'elle n'ait jamais été employée à ce titre dans le même commerce ou la même industrie. Le plus souvent, le commerçant qui choisit une marque de cette nature prend les initiales de son nom qui, nous l'avons vu, ne sont pas protégées par la loi de 1824. Comme les lettres et aux mêmes conditions, les chiffres peuvent servir de marque. Chiffres et lettres n'ont pas besoin d'affecter une forme caractéristique ; cependant, quand il s'agit de lettres, il est prudent de les distinguer soit par le dessin de leurs lignes, soit par leur entourage, car le commerçant qui les adopte ne pourrait pas interdire l'usage des lettres elles-mêmes à un concurrent dont le nom commencerait par les mêmes initiales.

52. *Enveloppes.* — L'enveloppe est tout récipient, boîte, bouteille ou même simple papier dans lequel se renferme le produit. Telles sont encore les capsules gélatineuses employées en pharmacie pour envelopper certains médicaments. Pour constituer une marque, il faudra, bien entendu, que l'enveloppe présente une physionomie spéciale et se distingue par sa forme, sa couleur, sa disposition particulière, ou par la réunion de ces divers éléments.

Il a été jugé qu'une forme de boîte peut légalement constituer une sorte de marque protégée par la loi ; on ne peut dire, en effet, qu'ici la forme est l'accessoire du fond, puisqu'au contraire en cette matière, surtout lorsqu'il s'agit de spécifiques (la *Poudre Naquet*), la forme qui éblouit les yeux et attire l'acheteur est beaucoup plus importante que le spécifique lui-même (Trib. civ. Seine, 6 février 1835 ; *Gaz. Trib.*, 7 fév.).

Toutefois, il a été jugé que la forme carrée d'un flacon, n'étant pas une invention nouvelle, ne constitue pas à elle seule une marque emblême de nature à constater l'origine et l'identité des produits (Paris, 8 nov. 1855 : Tissier c. Lecampion, PATAILLE, 55-190).

53. Forme et couleur des produits. — Ce que nous venons de dire des enveloppes s'applique aussi bien aux produits eux-mêmes pouvant se distinguer par la forme et la couleur que leur donne le fabricant. Si c'est la couleur qui est choisie comme marque, il faut, bien entendu, qu'elle ne soit pas la couleur naturelle du produit : autrement, la marque ne serait ni spéciale, ni nouvelle, et elle permettrait à celui qui l'adopte d'accaparer la vente de l'objet lui-même. Ajoutons qu'il serait imprudent de prendre pour marque une couleur uniforme sans y joindre d'autres éléments distinctifs, car en admettant qu'une pareille marque fût valable, ce qui peut être contesté, il serait facile de l'imiter impunément au moyen d'une simple modification de nuance. Une combinaison de couleurs diverses disposées les unes auprès des autres d'une façon spéciale remplira bien mieux le [but et donnera une protection plus efficace.

La forme également, pour constituer une marque, ne doit pas être la forme naturelle, ordinaire du produit. Il ne faut pas non plus qu'elle soit trop simple, comme serait une forme carrée ou ronde. Quand elle présente le caractère d'originalité qui lui est indispensable, elle constitue un modèle de fabrique et elle participe alors à la protection de la loi du 18 mars 1806, qui n'est pas incompatible avec la garantie de la loi de 1857. Observons toutefois que la forme d'un produit peut être adoptée comme marque, alors même qu'elle ne constituerait pas un modèle de fabrique : c'est ce qui arriverait si cette forme, sans être absolument nouvelle, était appliquée pour la première fois aux produits qu'elle sert à distinguer. Nous savons en effet que la nouveauté exigée pour la marque est purement relative et qu'elle peut résulter du simple transport d'une industrie dans une autre.

Il a été jugé que la forme donnée à une *tablette de chocolat* pouvait constituer une marque de fabrique, si elle était nouvelle et spéciale (Trib. corr. Seine, 10 mars 1858 : Bleuze c. Blech, PATAILLE, 58-219). Toutefois, la jurisprudence a souvent refusé de voir une marque valable dans la forme ou la couleur d'un produit [1], et le fabricant qui choisira une marque de cette nature devra prendre soin d'y joindre un autre élément distinctif, par exemple une étiquette apposée sur un endroit apparent du produit.

54. Étiquettes. — Suivant l'expression très juste de M. Pouillet [2], l'étiquette « est une

1. Paris, 23 mars 1870 : Wilcox c. Aubineau, PATAILLE, 71-31.

2. POUILLET, n° 37.

« sorte d'enseigne apposée non sur l'établisse-
« ment commercial lui-même, mais sur la
« marchandise fabriquée. » Bien que la loi ne
la mentionne pas d'une façon expresse, il est
évident qu'elle constitue une marque, à la
condition bien entendu de présenter les caractères que nous avons maintes fois définis. Elle
se distinguera par sa forme, sa couleur, les
mentions ou les dessins qu'elle peut contenir,
la bordure ou l'encadrement qui l'entoure, en
un mot tous les éléments qui contribuent à lui
donner une physionomie spéciale. L'étiquette,
comme toutes les marques, peut être apposée
soit sur le produit lui-même, soit sur l'enveloppe qui le renferme.

55. Dénominations. — Les différentes marques que nous venons de passer en revue sont
destinées à frapper l'œil du consommateur en
lui permettant de reconnaître, à la simple ins-
pection d'un produit, quelles sont son origine
et sa provenance. Il existe une autre espèce de
marque qui s'adresse pour ainsi dire à l'oreille,
car elle permet de désigner un produit et de
le distinguer des autres de même nature, alors
même qu'on ne l'a pas sous les yeux. Telle est la

dénomination adoptée par un fabricant pour désigner les produits de sa fabrication. Cette marque, reconnue expressément par la loi, offre des avantages sérieux qui la font rechercher d'une façon toute particulière, surtout dans la pharmacie. Elle donne, en effet, au produit une sorte de personnalité qui le recommande et l'impose à l'attention du consommateur ; d'autre part, elle se prête on ne peut mieux à la publicité que le fabricant cherche à répandre autour de son produit. Une dénomination figurant soit dans un journal, soit sur un prospectus, se grave mieux dans le souvenir qu'un emblème ou signe quelconque dont les détails peuvent se confondre avec d'autres analogues. En un mot, la dénomination présente une grande ressemblance avec le nom commercial : elle personnifie le produit comme le nom personnifie l'individu. Elle donne même une garantie plus énergique et plus sûre, car elle n'a pas à redouter la concurrence des homonymes.

56. *La dénomination doit être arbitraire et de fantaisie.* — De même qu'on ne peut pas prendre comme marque la couleur ou la forme naturelle d'un produit, de même on ne saurait revendiquer aucun droit privatif sur la dénomination habituelle et nécessaire d'un objet quelconque. Ainsi, par exemple, un pharmacien n'aurait pu choisir pour marques les mots : sirop antiscorbutique, biscuit vermifuge, etc., etc. ; car ces dénominations présentent un sens grammatical bien précis, elles indiquent les propriétés de certains remèdes, et l'on conçoit qu'il n'est pas possible d'en interdire l'usage aux pharmaciens vendant des produits de même espèce. Autrement dit, un commerçant quelconque ne peut empêcher ses concurrents d'appeler les choses par leur nom et d'indiquer leur nature ou leurs avantages, alors même qu'il aurait eu le premier l'idée d'employer commercialement une dénomination se trouvant dans le dictionnaire.

Pour que la dénomination constitue une marque valable, il faut qu'elle soit arbitraire et de pure fantaisie, c'est-à-dire qu'elle n'éveille point par elle-même l'idée du produit auquel elle est appliquée. Ce sera, par exemple, un mot qui n'existe pas dans la langue et qui ne présente aucune signification. On pourrait également prendre comme marque un mot connu et vulgaire, mais n'ayant aucun rapport, aucune relation avec l'objet auquel on l'attache : telle est la dénomination *Pâtes religieuses ou de la Passion*, dans laquelle le qualificatif ne désigne ni l'espèce ni les qualités du produit qu'il accompagne.

La jurisprudence a eu maintes fois l'occasion d'appliquer les principes que nous venons de poser. Voici la nomenclature des principales décisions rendues en cette matière :

57. *Dénominations considérées comme marques valables.* — Le mot *paraguay* appliqué à une mixture dentifrice (Trib. com. Seine, 8 juin 1879, cité par Gastambide, p. 472); le mot *racahout des Arabes* (Paris, 29 mars 1833, *Gaz. des Trib.*, 30 mars 1833) ; le mot *mélaïnocome,* désignant une pommade propre à teindre les cheveux (Trib. com. Seine, 8 avril 1834, *Gaz. Trib.*, 27 avril 1834) ; le mot *luciline,* employé pour désigner l'huile de pétrole (Paris, 28 novembre 1863, Pataille, 1864-105) ; le mot *perles d'éther,* appliqué à des capsules médicinales contenant de l'éther (Paris, 21 mars 1861 et Rej. 22 mars 1864, Sirey, 64-345); la désignation d'*Élixir tonique anti-glaireux* (Cass., 15 mars 1864, Pataille,

65-394) ; la *Revalescière* (C. de Paris, 3 janvier 1879, PATAILLE, 79-62) [1] ; la dénomination de *Prunellière* (C. de Besançon, 6 août 1879, PATAILLE, 79-214) ; le nom de *sherry-kina*, pour désigner un produit composé de vin d'Espagne et de quinquina (Trib. com. Seine, 3 nov. 1880, *Journ. des Trib. de com.*, 81-9807).

58. *Dénominations jugées comme ne pouvant être prises pour marques.* — *Eau de Mélisse des Carmes* (Trib. com. Seine, 24 août 1842) [2] ; *Poudre de Seltz* (Trib. com. Seine,

1. Il a été jugé, à l'occasion de la Revalescière, qu'on ne saurait considérer comme remèdes secrets les compositions, alimentaires ou autres, qui ne doivent pas entrer au corps humain en qualité de médicaments, ou qui, si elles sont en même temps susceptibles d'être employées accidentellement comme moyens curatifs, n'ont pas cependant par elles-mêmes cette propriété exclusive et principale.

2. « Attendu, dit le jugement, que la composition désignée sous le nom d'Eau de mélisse des Carmes est tellement connue dans le public que la manière de la fabriquer est décrite dans les ouvrages qui traitent de la pharmacie, et notamment dans le Codex, obligatoire pour la pharmacie, et que ce produit y est décrit sous le nom d'*Eau de mélisse* dite *des Carmes;* d'où il résulte que cette déno-

16 oct. 1844, *Gaz. Trib.*, 17 oct. 1844); *Benzine parfumée* (Trib. com. Seine, 6 août 1858, PATAILLE, 58-400); *Pepperment London* (Paris, 29 fév. 1864, cité par BRIAND et CHAUDÉ, p. 855); *Boules au réglisse* (Trib. com. Seine, 4 mai 1867, TEULET, 16-500); les mots *serpent factice* employés pour désigner la propriété du sulfocyanure de mercure (Trib. civ. Seine, 6 août 1867, PATAILLE, 68-13); la dénomination d'*Huile de Gabian [medicinal naphta]* donnée à des capsules médicamenteuses renfermant du pétrole vierge (C. de Paris, 20 juin 1881, PATAILLE, 81-297).

59. *Mot emprunté à une langue étrangère.* — Bien que ce mot soit à l'étranger la dénomination usuelle et nécessaire d'un produit, il peut cependant être employé comme marque en France pour désigner un produit de même nature. Mais il faut pour cela, bien entendu, que le nom emprunté à la langue étrangère ne soit ni connu ni usité dans le commerce français : c'est à cette condition seulement, on le

mination n'est véritablement plus qu'un terme générique, désignant un médicament spécial dont le nom s'est perpétué en même temps que la chose. »

conçoit, qu'il peut être considéré comme une dénomination arbitraire et de fantaisie.

Il a été jugé que le mot *Pepperment* n'était que l'appellation en anglais, mais déjà usitée depuis longtemps en France et devenue en quelque sorte, dans le commerce, le nom commun de la menthe poivrée ; qu'il ne pouvait en conséquence servir de marque (Paris, 29 fév. 1864) ; que les mots *medicinal naphta* ne pouvaient faire l'objet d'une marque valable alors qu'ils étaient d'un usage ancien et constant en France pour désigner des produits pharmaceutiques (C. de Paris, 20 juin 1881, PATAILLE, 81-297).

60. Du nom patronymique employé comme marque. — Aux termes de l'article 1er de la loi de 1857 les noms, sous une forme distinctive, peuvent constituer des marques de fabrique ou de commerce. La marque ne consiste pas alors dans le nom lui-même, mais dans l'apparence spéciale qui lui est donnée soit par la forme ou la couleur des caractères, soit par des signes accessoires comme un encadrement ou le paraphe d'une signature. Dans ce cas, le propriétaire du nom se trouve à la fois garanti par la loi de 1824 et par celle de 1857. La protection de cette dernière loi peut lui être fort utile, lorsque, par exemple, il se trouve en présence d'un homonyme exerçant la même industrie. Ce concurrent, auquel il ne peut interdire l'usage de son nom, sera obligé de respecter sa marque sous peine de tomber sous l'application de la loi de 1857.

CHAPITRE II

Dépôt et Propriété de la Marque.

———

61. Motif et effets du dépôt. — La propriété de la marque s'acquiert indépendamment de toute formalité administrative ; elle appartient à celui qui en est le créateur et qui le premier en fait usage. Cependant la loi de 1857, dans son article 2, prescrit son dépôt en double exemplaire au greffe du tribunal de commerce.

Mais cette formalité n'a pour objet que de permettre au propriétaire de la marque d'en poursuivre la contrefaçon ; elle ne crée pas le droit de propriété qui lui est antérieur, elle ne fait qu'ouvrir l'action en justice attachée à ce droit. C'est ce qu'on exprime en disant que le dépôt est déclaratif et non pas attributif de propriété.

62. *Le dépôt établit une présomption de propriété.* — Si, comme nous venons de le voir, le dépôt ne crée point et par conséquent ne prouve point la propriété de la marque, il la fait cependant présumer. Il peut arriver que plusieurs commerçants revendiquent la même marque et il s'élève alors entre eux une question de priorité. Dans ce cas, celui qui a le premier fait le dépôt de la marque est présumé en être le créateur et le propriétaire ; cette présomption ne céderait que devant la preuve d'un usage antérieur fait par un concurrent. Le dépôt, s'il n'établit pas la propriété, dispense au moins de produire cette preuve souvent difficile d'un usage qui peut remonter à une date très ancienne. A ce titre, il est donc fort utile, et le commerçant qui crée une marque fera bien de la déposer sans retard : il donnera de la sorte à sa création une date authentique dont la preuve ne pourra pas être contestée.

63. *Lieu et forme du dépôt.* — Le dépôt doit être fait au greffe du tribunal de commerce dans le ressort duquel le fabricant a son domicile. Le déposant doit fournir en double exemplaire, sur papier libre, le modèle de sa marque ; ce modèle consiste soit dans un dessin, gravure ou empreinte, soit, quand la chose est possible, dans la marque elle-même, une étiquette, par exemple, collée sur le papier. Ce papier doit présenter un carré de 18 centimètres de côté ; la marque, ou son modèle, est disposée au milieu dans un espace de 8 centimètres de hauteur et de 10 centimètres de largeur. Sur la gauche laissée libre du papier, le déposant indique les particularités que présente sa marque, si elle est en creux ou en relief, si elle est de grandeur naturelle ou si elle a été réduite, etc., etc. La droite du papier est réservée aux mentions qui doivent être ajoutées par le greffier. L'un des exemplaires de la marque reste au greffe du tribunal de commerce, l'autre est envoyé au Conservatoire des arts et métiers, où se fait la concentration de toutes les marques et où tout le monde peut en prendre connaissance sans frais.

Le greffier, en recevant le dépôt, dresse un procès-verbal dans lequel il indique le jour et l'heure du dépôt, le nom du propriétaire de la marque, son domicile, sa profession et le genre d'industrie auquel la marque est destinée. Il doit délivrer au déposant une expédition de ce procès-verbal.

Ajoutons que le dépôt peut être effectué, soit par la partie intéressée elle-même, soit par son fondé de pouvoir spécial. La procuration peut être sous seing privé, mais elle doit être enregistrée et laissée au greffier[1].

64. *Durée et renouvellement du dépôt.* — Aux termes de l'art. 3 de la loi de 1857, le dépôt n'a d'effet que pour quinze ans ; il doit être renouvelé à l'expiration de ce délai, et, grâce à ces renouvellements successifs, dont le nombre n'est pas limité, les effets du dépôt peuvent être perpétuels. Qu'arriverait-il si le

_____

1. Décret du 26 juillet 1858.

propriétaire d'une marque avait omis de la renouveler en temps prescrit? Il ne pourrait, bien entendu, exercer aucune action en justice en vertu d'un dépôt périmé ; mais sa marque ne tomberait pas dans le domaine public et un renouvellement, même tardif, lui permettrait de poursuivre les contrefacteurs. On conçoit, en effet, que l'absence ou le retard du renouvellement ne peut produire d'autres effets que l'absence du dépôt lui-même, qui, nous l'avons vu, laisse subsister intact le droit à la propriété de la marque.

65. *Le dépôt n'est soumis à aucun examen préalable.* — Le greffier est tenu de recevoir le dépôt et de l'enregistrer sans examiner si la marque est nouvelle. Il n'aurait même pas le droit de refuser le dépôt d'une marque qui consisterait dans un dessin contraire à la loi ou aux bonnes mœurs. Pourvu que le dépôt soit fait dans les formes régulières que nous avons décrites plus haut, le greffier doit remplir son office, c'est-à-dire procéder à un enregistrement matériel, sans pouvoir se livrer à un contrôle qui appartient exclusivement aux tribunaux.

66. Marque relative à un remède secret. — De ce qui précède il résulte que le greffier ne saurait refuser le dépôt d'une marque destinée à être apposée sur un remède secret. Bien plus, une pareille marque serait parfaitement valable, car la loi de 1857 ne contient aucune disposition analogue à celle de 1844, qui déclare nul le brevet d'invention pris pour un objet illicite. Mais il est bien entendu que le dépôt d'une pareille marque n'attribuera au pharmacien qui l'a effectué, aucun droit de vendre le remède secret, et que la vente de ce produit tombera toujours sous l'application de la loi qui le prohibe. Quelle est dès lors l'utilité de la marque? Il peut arriver que le remède secret perde ce caractère, soit par suite de son inscription au Codex, soit par suite de son approbation par l'Académie de médecine; dans ce cas, la vente du remède devenant licite, le déposant recueillera tous les bénéfices d'une marque qui, bien qu'inutile et sans objet à son origine, n'en aura pas moins établi à son profit une priorité d'emploi et par conséquent une preuve de propriété.

67. Dépôt d'une marque relative à un pro-

duit médicamenteux, effectué par un individu non pharmacien. — Pas plus que dans le cas précédent, le greffier ne peut refuser de recevoir le dépôt; mais le déposant qui n'est pas pharmacien ne peut exploiter une marque destinée à être apposée sur un produit dont la vente lui est défendue. Cependant la marque n'est pas nulle, et il est possible qu'elle trouve son utilité et son emploi. Supposons en effet que le déposant acquière par la suite le diplôme nécessaire pour exercer la pharmacie; ou bien, et c'est là une hypothèse plus vraisemblable, supposons qu'il cède sa marque à un pharmacien, le dépôt pourra dès lors produire tous ses effets, non-seulement dans l'avenir, mais encore dans le passé, car il aura donné une date certaine à la création de la marque [1].

Il a été jugé dans ce sens qu'un produit pharmaceutique *(le Sherry-Kina)* peut constituer une propriété privée, indépendamment de la qualité de pharmacien qui n'est exigée que pour le fabriquer et le mettre en vente (Trib.

---

1. POUILLET, n° 128; Rej., 8 mai 1868 : Boyer c. Boyer, *J. Pal,* 69-440.

com. Seine, 3 nov. 1880, *J^{al} du Trib. de com.*, 81-9807).

68. Cession de la marque. — La marque peut faire l'objet d'une cession soit totale, soit partielle, suivant que le titulaire en transmet toute la propriété ou bien qu'il se réserve le droit d'en jouir lui-même avec le cessionnaire. La loi ne prescrit aucune formalité pour la cession, qui peut être faite sous seing privé ou même verbalement ; dans ce dernier cas, la preuve en sera établie suivant le droit commun, soit par la correspondance, soit même par des témoignages lorsque ce genre de preuve sera possible.

La vente d'un pharmacien comprend, à moins de stipulation contraire, toutes les marques que le vendeur y exploitait et dont il avait la propriété. On conçoit, en effet, que le nouveau titulaire de la pharmacie ne pourrait pas continuer la vente des produits ou des spécialités qu'il y trouve s'il n'avait pas le droit de les débiter sous la dénomination et avec les étiquettes connues du public. Toutefois le cédant, soit qu'il eût l'intention de se rétablir, soit qu'il voulût en disposer ailleurs, pourrait

se réserver la propriété de certaines marques.
Dans ce cas, le successeur conserverait bien
toujours la faculté de vendre les remèdes qui
sont dans le domaine public, mais il n'aurait
plus le droit d'y apposer des marques exclues
de la vente. Ajoutons qu'une pareille réserve
ne se présume pas et qu'elle devrait être expressément écrite dans l'acte de cession. En effet,
la vente d'une pharmacie, comme celle d'un
fonds de commerce, comprend virtuellement
tous les accessoires qui en sont la dépendance
naturelle et ajoutent à sa valeur.

69. *Abandon de la marque.* — A la différence de la loi de 1844 sur les brevets d'invention, la loi de 1857 n'édicte aucune déchéance
de la marque. Il faut en conclure que son
existence n'est pas compromise par une interruption plus ou moins longue dans son usage.
Toutefois, si cette interruption est tellement
prolongée qu'elle indique un véritable abandon; si le propriétaire de la marque ne fabrique
plus depuis longtemps le produit sur lequel il
l'apposait, ou bien s'il a cessé le commerce
auquel elle était attachée, sans transmettre sa
maison à un successeur ; dans tous ces cas,

la marque doit être considérée comme tombée dans le domaine public. Il en serait de même si le titulaire de la marque laissait sans se plaindre ses concurrents l'employer autour de lui et sous ses yeux ; cette inaction prolongée pourrait être considérée comme une renonciation qui le rendrait non recevable à poursuivre un emploi autorisé par son silence et son consentement tacite. Mais il faut, bien entendu, que cette renonciation soit manifeste et non équivoque, ce qui n'aurait pas lieu si l'usurpation, bien que prolongée, avait été clandestine, ou bien si l'inaction du propriétaire de la marque s'expliquait par des raisons plausibles, comme le manque d'argent pour intenter un procès ou même la tolérance d'une contrefaçon qu'il estimait peu préjudiciable à ses intérêts.

CHAPITRE III

De la Contrefaçon.

———

70. Formes diverses de la contrefaçon. — La loi de 1857 prévoit et punit deux délits bien distincts : 1º La contrefaçon proprement dite, consistant dans la reproduction exacte de la marque ; 2º L'imitation frauduleuse combinée de façon à tromper l'acheteur (art. 7 et 8).

71. *Contrefaçon*. — Pour que la contrefaçon existe, il n'est pas nécessaire que la marque soit entièrement et servilement copiée, il suffit, comme le dit M. Pouillet avec raison, qu'il y ait « reproduction de la partie essen- « tielle et caractéristique de la marque, encore « que d'insignifiants changements y eussent « été apportés »[1].

72. *Usage de la marque contrefaite*. — La loi punit cet usage comme la contrefaçon elle-même. Supposons, par exemple, qu'un pharmacien appose sur ses produits des marques contrefaites qu'il a commandées à un impri- meur, ou bien qu'il a trouvées toutes prêtes dans son officine, il n'aura pas consommé lui- même la contrefaçon, mais il l'aura provoquée, il en aura profité et par conséquent il est juste qu'il soit puni.

73. *Apposition de la marque sur des réci- pients vides*. — L'article 2 § 2 de la loi punit ceux qui ont apposé frauduleusement sur leurs produits ou les objets de leur commerce une

---

1. Pouillet, nos 139 et 140.

marque appartenant à autrui. Ce délit se confond avec celui d'usage, car l'apposition de la marque contrefaite est le préliminaire ou plutôt le moyen, la forme même de son emploi. Cependant, il peut arriver que l'apposition soit isolée, indépendante de tout usage, la marque, par exemple, étant appliquée sur des récipients, flacons ou boîtes, qui ne contiennent pas encore leurs produits. La personne chez laquelle ces récipients seraient saisis pourrait-elle échapper à la peine de la contrefaçon? Non assurément, car, si elle n'est pas encore coupable du délit d'usage, elle a certainement commis celui d'apposition que la loi assimile au premier. D'ailleurs, le fait d'apposer des marques contrefaites sur des récipients vides est sans aucun doute aussi grave que la fabrication de ces mêmes marques, l'impression des étiquettes, qui constitue au premier chef le délit de contrefaçon.

Toutefois il pourrait se faire que les récipients fussent destinés à recevoir des produits appartenant à une industrie tout à fait différente de celle où la marque est elle-même employée. Dans ce cas, il n'y aurait pas de contrefaçon, car nous avons vu que la propriété de la marque, toute relative, n'était protégée que dans la sphère de l'industrie à laquelle est limitée son usage. Ainsi, supposons qu'on trouve chez un fabricant ou un débitant de verrerie, des bouteilles présentant la même forme et les mêmes dispositions que celles adoptées comme marque par un pharmacien ; celui-ci sera sans droit pour se plaindre s'il est prouvé que les bouteilles sont destinées à recevoir non pas une substance médicamenteuse mais une liqueur qui ne touche ni de près ni de loin à la thérapeutique ou à l'hygiène. Le liquoriste, en effet, ne peut faire concurrence au pharmacien, et les produits de l'un ne peuvent se confondre avec les produits de l'autre [1].

74. *L'éloignement des deux maisons n'empêche pas la contrefaçon.* — Il est bien évident qu'un pharmacien ne pourrait pas emprunter la marque d'un de ses collègues habitant la même ville, sous le prétexte qu'il en est séparé par une grande distance et qu'il ne s'adresse pas à la même clientèle. Il n'aurait pas ce droit

1. NOUGUIER, n° 152.

alors même qu'il habiterait une ville très éloignée et que la concurrence serait, par suite, encore moins à craindre. En effet, et l'histoire de la pharmacie en offre plus d'un exemple, il peut arriver qu'un remède, une spécialité peu connue à son origine, acquière un beau jour une réputation universelle; et son inventeur qui, à défaut de brevet, a pris soin de la garantir par une marque, a certainement le droit de poursuivre partout où elles se produisent les contrefaçons dont l'éloignement ne diminue pas le péril. D'ailleurs, en admettant même que ses produits plus modestes ne soient pas destinés à franchir les limites de sa localité, le pharmacien n'en serait pas moins fondé à poursuivre les usurpations les plus lointaines de sa marque, dont la protection légale s'étend à tout le territoire de la France. Il pourrait même, comme nous le verrons plus tard, atteindre la contrefaçon au-delà de nos frontières, si les lois des pays étrangers ou des conventions internationales lui conféraient ce droit.

75. *Vente et mise en vente de produits revêtus de marques contrefaites.* — Après avoir puni la fabrication de la marque contrefaite et son apposition sur les produits, l'article 7 de la loi déclare passibles des peines de la contre-façon ceux qui vendent ou mettent en vente les produits revêtus de marques usurpées. Ainsi la loi permet de poursuivre, ensemble ou séparément, l'imprimeur des étiquettes, le fabricant qui les commande et les applique sur ses marchandises, le débitant qui livre ces dernières au consommateur ou même ne fait que les offrir, car la mise en vente est assimilée à la vente elle-même.

76. Bonne foi. — Si, comme nous venons de le dire, l'imprimeur, le fabricant et le débitant tombent sous l'application de l'article 7, cependant leur situation n'est pas en tous points identique. En effet, le fabricant qui commande la marque contrefaite agit en pleine connaissance de cause et ne peut exciper ni d'une erreur ni d'un hasard qui lui aurait fait adopter une marque déjà choisie par un concurrent. Aussi la loi ne lui permet-elle pas d'invoquer sa bonne foi. Au contraire, le débitant peut être victime d'une erreur, soit qu'il croie le fabricant propriétaire de la marque dont il revêt ses produits, soit qu'ayant acheté les marchandises de seconde main, il s'imagine les tenir du véritable propriétaire de la marque. Ayant égard à sa bonne foi possible, le législateur ne le punit que s'il a connu la contrefaçon et s'il s'en est ainsi rendu complice. Quant à l'imprimeur, il peut arriver aussi qu'il soit trompé et qu'il croie à l'entière probité du fabricant qui fait la commande ; cependant sa mauvaise foi est présumée et il ne lui est pas permis d'établir la preuve contraire. Cette disposition paraît rigoureuse, mais elle s'explique par cette raison que l'imprimeur, avant d'exécuter sa commande, peut et doit toujours consulter le registre des dépôts pour s'assurer s'il a le droit d'imprimer les étiquettes qui lui sont demandées. M. Pouillet, à qui une longue pratique des procès de contrefaçon a fait connaître les imprimeurs et leurs habitudes, croit difficilement à leur bonne foi et estime que la rigueur de la loi à leur égard se justifie entièrement[1].

77. *Imitation frauduleuse.* — Il est bien

---

1. POUILLET, n° 175.

rare que le contrefacteur soit assez audacieux pour copier servilement une marque ; le plus souvent il se contente de l'imiter, en y apportant certaines modifications qui lui laissent sa physionomie générale. On comprend que la loi aurait été incomplète, si elle n'avait puni ces imitations qui peuvent être aussi préjudiciables au propriétaire de la marque que la contrefaçon proprement dite. Pour que l'imitation constitue un délit, il faut d'abord qu'elle soit frauduleuse, c'est-à-dire intentionnelle ; il faut en outre qu'elle soit de nature à opérer une confusion avec la marque véritable. Quand pourra-t-on dire qu'elle présente ce second caractère ? Il y a là, on le conçoit, une question de fait qu'il est impossible de trancher d'une manière générale et absolue[1]. Pour reconnaître si l'imitation frauduleuse existe, il faut, bien entendu, comparer les deux marques ; mais il ne suffit pas de les placer l'une à côté de l'autre et de se livrer à un examen comparatif qui, malgré une ressemblance générale, en ferait ressortir

---

1. Trib. corr. Seine, 18 juillet 1876 : Vve Boyer-Renouard et Cie c. Gelin ; — *Id.*, 9 déc. 1875 : Amédée Boyer c. dame Lemit et Doucet.

avec une trop grande valeur les différences de détail ; il est nécessaire de les considérer isolément et de rechercher si l'impression produite par cet examen séparé est la même. En effet, le consommateur n'a pas les deux marques sous les yeux, et le juge, se mettant à sa place, doit se demander si l'imitation a été assez habilement calculée pour lui faire croire qu'il était en présence de la marque véritable dont il a le souvenir dans l'esprit. Si la confusion est possible, alors même qu'elle ne se serait pas encore produite, le délit d'imitation frauduleuse existe. Réciproquement, un cas de confusion allégué ne suffirait pas pour établir le délit, si cette confusion était le résultat d'une erreur ou d'une légèreté grossière et si la moindre attention avait pu la prévenir.

Comme nous l'avons vu pour la marque contrefaite, la loi punit l'usage, ainsi que la vente ou la mise en vente, faite sciemment, de la marque frauduleusement imitée (art. 8, 2º et 3º).

78. Droit de poursuite. — Le droit de poursuivre la contrefaçon ou l'imitation frauduleuse appartient au propriétaire de la marque, que ce soit le créateur ou le cessionnaire. Il pourrait même être exercé par une personne qui, sans avoir aucun droit de propriété sur la marque, serait cependant intéressée à la faire respecter : tel est le cas du représentant exclusif de la maison à laquelle appartient la marque[1]. Enfin, la contrefaçon constituant un véritable délit, le ministère public pourrait prendre l'initiative d'une poursuite, même en l'absence de toute plainte des parties lésées. C'est là, d'ailleurs, un droit dont les parquets n'usent guère, laissant aux intéressés le soin de s'adresser directement à la justice.

79. Constatation du délit. — Le délit peut être constaté par tous les moyens de preuves ordinaires, par des témoignages et surtout par la production des marques arguées de contrefaçon ou d'imitation frauduleuse. La victime du délit pourra se procurer ces marques en achetant elle-même, ou plutôt en faisant acheter par un tiers, un échantillon des produits revêtus des marques contrefaites, et cela en présence d'un huissier qui dressera sur le champ un procès-verbal de constat. Mais cette façon de

1. Trib. corr. Beauvais, 18 déc. 1872, PATAILLE, 73-378.

procéder n'est pas toujours possible et la loi de 1857 met à la disposition du propriétaire de la marque un moyen de constatation légale : la saisie.

L'article 17 de la loi du 23 juin 1857 détermine les conditions dans lesquelles cette saisie doit être autorisée et effectuée. Elle est faite en vertu d'une ordonnance du Président du Tribunal civil, par un huissier qui procède à la description détaillée, avec ou sans saisie, c'est-à-dire avec ou sans enlèvement, des produits revêtus de marques contrefaites.

80. Juridiction compétente. — Dans le délai de quinzaine qui suit la saisie, l'action doit être introduite devant le Tribunal civil ou correctionnel. Par la voie civile, le propriétaire de la marque ne peut obtenir que la réparation du préjudice causé par la contrefaçon ; en suivant la voie correctionnelle, il peut en outre faire condamner le contrefacteur aux peines que nous examinerons plus loin. Mais si la juridiction civile offre une répression moins énergique, elle présente des avantages qu'il importe de signaler. Devant le tribunal correctionnel, le propriétaire de la marque ne peut pas atteindre les faits qui sont antérieurs au dépôt[1]; en outre le prévenu, suivant les distinctions que nous avons établies, est couvert par sa bonne foi contre toute condamnation. Au contraire, devant le tribunal civil, le contrefacteur ne saurait se soustraire, en prouvant sa bonne foi, à la réparation du préjudice causé par son fait au propriétaire de la marque, et ce dernier est fondé à se plaindre de la contrefaçon accomplie même antérieurement à son dépôt.

Les questions relatives à la propriété des marques, par exemple les demandes en nullité ou en revendication, doivent être soumises à la juridiction civile, seule compétente pour en connaître. Toutefois, les tribunaux correctionnels peuvent trancher les questions de cette nature quand elles se présentent sous forme d'exception opposée à une poursuite de contrefaçon (art. 10).

81. *Peines et Réparations.* — La contrefaçon des marques, l'usage, l'apposition, la

---

1. C. Paris, 29 juin 1882 (Aff. de l'*Eau d'Hunyadi-Janos*, *Loi* 16 juil.).

vente et la mise en vente de marques contrefaites sont punis d'une amende de 50 fr. à
3,000 fr. et d'un emprisonnement de trois mois
à trois ans ou de l'une de ces deux peines seulement (art. 7). L'imitation frauduleuse, l'usage,
la vente et la mise en vente de marques frauduleusement imitées, sont punis d'une amende
de 50 fr. à 2,000 fr. et d'un emprisonnement
d'un mois à un an ou de l'une de ces peines
seulement (art. 8). En cas de récidive, les
peines ci-dessus peuvent être portées au double
(art. 10); et l'admission des circonstances atté-
nuantes permet de les abaisser jusqu'à une
simple amende de 5 fr. (art. 12). Les délin-
quants peuvent en outre être privés du droit
de participer aux élections des tribunaux et
des chambres de commerce, des chambres
consultatives des arts et manufactures et des
conseils de prud'hommes pendant un temps
qui n'excèdera pas dix ans (art. 13). Enfin le
tribunal peut, même en cas d'acquittement,
ordonner la confiscation des produits revêtus
des marques contrefaites, ainsi que des instruments et ustensiles qui ont spécialement servi
à commettre le délit (art. 14).

Il ne suffit pas de punir le contrefacteur,

il faut encore accorder au propriétaire de la marque la réparation du préjudice qui lui a été causé. Cette réparation peut comprendre : 1° l'attribution à son profit des produits revêtus de la marque contrefaite ; 2° l'affiche du jugement et son insertion dans des journaux ; 3° des dommages-intérêts dont le chiffre varie suivant l'importance du préjudice. Le tribunal a la faculté de prononcer toutes ces réparations ou d'accorder seulement l'une d'entre elles, suivant les circonstances.

82. *Introduction en France*. — L'article 19 de la loi de 1857 prévoit une fraude qui peut porter atteinte non-seulement à tel ou tel fabricant français, mais à notre industrie nationale tout entière : nous voulons parler de l'introduction sur notre territoire de produits étrangers portant soit la marque, soit le nom d'un fabricant résidant en France, soit l'indication du nom ou du lieu d'une fabrique française. Ces produits sont prohibés à l'entrée en France et exclus du transit ou de l'entrepôt ; ils peuvent être saisis en quelque lieu que ce soit, soit à la diligence de l'administration des douanes, soit à la requête du ministère public ou de la partie lésée. Lorsque la saisie est faite à la diligence de l'administration des douanes, le procès-verbal de saisie est adressé immédiatement au ministère public. Dans tous les cas, le délai pour introduire l'action est de deux mois à partir de la saisie. Les produits délictueux introduits en France peuvent être confisqués et attribués au propriétaire de la marque contrefaite ou du nom usurpé, ou bien aux habitants de la localité dont le nom est indûment apposé sur les produits.

Observons, en terminant, que l'article 19 est applicable même au cas où la marque contrefaite à l'étranger ne serait pas déposée[1].

1. Pouillet, n° 312.

CHAPITRE IV.

Droit des Étrangers.

----

83. Conditions auxquelles la loi protège les étrangers. — « Les étrangers qui possèdent
« en France des établissements d'industrie ou
« de commerce jouissent, pour les produits de
« leurs établissements, du bénéfice de la pré-
« sente loi, en remplissant les formalités qu'elle
« prescrit » (art. 5). Il leur suffit donc de faire
en France le dépôt de leur marque pour être
autorisés à poursuivre les contrefacteurs devant
nos tribunaux, mais il est bien entendu que la
marque ne protège que les produits sortant de
leurs établissements situés sur le territoire
français.

« Les étrangers et les Français dont les éta-
« blissements sont situés hors de la France
« jouissent également du bénéfice de la pré-
« sente loi, pour les produits de ces établis-
« sements, si, dans les pays où ils sont situés,
« des conventions diplomatiques ont établi la
« réciprocité pour les marques françaises.
« Dans ce cas, le dépôt des marques étran-
« gères a lieu au greffe du tribunal de com-
« merce du département de la Seine. »

Remarquons toutefois que l'étranger ne pourrait pas acquérir en France un droit privatif
sur une marque qui serait devenue vulgaire
et appartiendrait à tout le monde dans son
pays, alors même qu'elle n'aurait jamais été
employée sur notre territoire. « La raison se
« refuse, dit M. Pouillet, à admettre qu'un
« étranger ait en pareille matière, — et à moins
« d'une disposition contraire de la loi, — plus
« de droits contre les Français que contre ses
« propres compatriotes » [1].

84. *Traités diplomatiques*. — Un grand
nombre de traités diplomatiques garantissent

1. POUILLET, n° 333.

la propriété internationale des marques dans
les termes de l'article 6 de la loi de 1857.
Ce sont les traités des 11 déc. 1871 et 11 oct. 1873
avec l'Allemagne ; — du 23 janvier 1860 avec
l'Angleterre ; — du 11 déc. 1866 avec l'Autriche ;
— du 1er mai 1861 avec la Belgique ; — du
30 juin 1864 avec la Suisse ; — du 16 avril 1869
avec les États-Unis d'Amérique ; — du 22 mars
1872 avec la Grèce ; — du 29 juin 1862 avec
l'Italie ; — du 7 juin 1865 avec la Hollande ;
— du 11 juillet 1866 avec le Portugal ; — des
2-14 juin 1857 avec la Russie ; — du 14 février
1865 avec la Suède et Norwège.

LIVRE TROISIÈME

DES BREVETS D'INVENTION

CHAPITRE Ier.

Brevetabilité.

SOMMAIRE :

85. LES REMÈDES NE SONT PAS BREVETABLES. — 86. SUBSTANCES EMPLOYÉES A LA FOIS DANS LA THÉRAPEUTIQUE ET DANS L'INDUSTRIE. — 87. PRODUITS ALIMENTAIRES. — 88. COSMÉTIQUES, EAUX DENTIFRICES. — 89. SUBSTANCES HYGIÉNIQUES. — 90. ART DENTAIRE. — 91. INSTRUMENTS DE CHIRURGIE. — 92. LÉGISLATIONS ÉTRANGÈRES. — 93. CARACTÈRES QUE DOIT PRÉSENTER L'INVENTION POUR ÊTRE BREVETABLE. — 94. NOUVEAUTÉ DE L'INVENTION.

85. Les remèdes ne sont pas brevetables. — Le législateur, nous l'avons dit déjà, ne permet pas de breveter les remèdes. Cette prohibition est écrite dans l'article 3 de la loi du 5 juillet 1844, ainsi conçu : « Ne sont pas suscep- « tibles d'être brevetés : 1º les compositions « pharmaceutiques ou remèdes de toute espèce, « lesdits objets demeurant soumis aux lois et « règlements spéciaux sur la matière et notam- « ment au décret du 18 août 1810 relatif aux « remèdes secrets. »

Aux termes de ce décret, l'inventeur d'un remède qui veut le communiquer à la société doit, par l'intermédiaire du ministre de l'inté- rieur, le présenter à l'examen d'une Commis- sion prise au sein de la Faculté de médecine. Cette Commission propose au ministre d'acheter le remède moyennant un prix qu'elle déter- mine ; si ce prix n'est pas accepté, le remède reste secret et le procureur de la République doit le poursuivre. Un décret postérieur, du 3 mai 1850, a quelque peu modifié la condition des remèdes secrets : pour qu'ils cessent d'avoir ce caractère et puissent être vendus librement, il suffit qu'ils soient reconnus nouveaux et utiles par l'Académie de médecine, et que leurs for- mules, approuvées par le ministre de l'agri- culture et du commerce, aient été publiées dans le bulletin de l'Académie. Le gouvernement n'achète plus les remèdes secrets, il se contente d'en autoriser la vente, sans préjudice, bien entendu, des récompenses honorifiques ou pécuniaires qui peuvent être accordées à leurs inventeurs[1].

Quant à l'interdiction de breveter les remèdes ou compositions pharmaceutiques, elle subsiste toujours. Quel a été le motif de cette disposition de la loi de 1844? On a redouté l'influence abusive que pourraient exercer sur un public ignorant les inventeurs de remèdes nouveaux ; on a craint aussi la spéculation à laquelle ils ne manqueraient pas de se livrer en accaparant des remèdes utiles à la société tout entière. Ces raisons sont-elles suffisantes pour justifier une disposition qui dépouille sans indemnité toute une catégorie d'inventeurs? Nous hésitons à le croire. Si l'intérêt général demande que les découvertes de cette nature tombent immédiatement dans le domaine public, la justice exige que ceux à qui la société les doit reçoivent une récompense. Peut-être eût-il été possible de concilier dans une juste mesure

1. Voir *supra*, nº 4.

tous les intérêts, en appliquant ici les principes de l'expropriation pour cause d'utilité publique[1].

Quant au charlatanisme, il n'était point à redouter. En effet, supposons que l'inventeur d'un remède secret eût demandé un brevet d'invention sans avoir rempli les formalités prescrites par le décret de 1810 ou celui de 1850, immédiatement le parquet, éveillé par la publicité du brevet, exercerait contre lui des poursuites et arrêterait la vente du remède. Ceux-là seuls pourraient donc exploiter utilement leurs brevets d'invention, dont les remèdes auraient été examinés par l'Académie de médecine et approuvés par le gouvernement. Dès lors, où serait le péril? Ne voit-on pas, au contraire, que l'intérêt de la santé publique aurait pu être facilement concilié avec les droits toujours respectables de l'inventeur? Que si maintenant ce dernier, abusant de son monopole temporaire, vendait à un prix exorbitant le remède que la société est intéressée à rendre accessible à toutes les bourses, ou bien s'il se montrait incapable de donner à l'exploitation de sa décou-

---

1. POUILLET, *Brevets d'invention*, p. 105.

verte une assez large extension, le législateur
avait, pour remédier à cet inconvénient, un
moyen bien simple que nous avons déjà indiqué plus haut : il pouvait réserver au gouvernement le droit d'exproprier l'invention pour
cause d'utilité publique, à la charge d'accorder à son auteur une juste et préalable
indemnité.

Ces objections ont été développées lors de
la discussion de la loi à la Chambre des Pairs,
par M. Gay-Lussac, et à la Chambre des
Députés par M. Bethmont ; mais elles n'ont
point prévalu et la prohibition fut votée.
Il importe maintenant d'en bien préciser le
sens et l'étendue.

*86. Substances employées à la fois dans la
thérapeutique et dans l'industrie.* — L'article 3
de la loi de 1844 s'applique à toutes les substances ou compositions médicamenteuses sans
qu'il y ait à distinguer si elles sont destinées
à un usage externe ou bien interne, sans qu'il
y ait à distinguer davantage si elles doivent
servir au traitement des animaux ou à celui
des hommes. Les médicaments employés dans
l'art vétérinaire ne sont donc pas brevetables.

C'est ce qui résulte, d'ailleurs, de la discussion de la loi dans les deux Chambres[1].

Il existe certains produits dans lesquels la science découvre des propriétés curatives et qui sont en même temps susceptibles d'être utilisées dans l'industrie. Ainsi (c'est là un exemple cité par M. Pouillet, p. 105) l'acétate de plomb est à la fois employé comme remède et comme agent de teinture. Ainsi encore le tannin, qui,

---

1. « Attendu, dit un arrêt de la Cour de Poitiers du 28 déc. 1882, qu'il résulte de la discussion de la loi à la Chambre des députés (Séance du 11 avril 1844) qu'un amendement de M. Bethmont tendant à supprimer l'interdiction de breveter les compositions pharmaceutiques, et au cours duquel il avait été question de différences à établir entre les remèdes destinés aux animaux et ceux préparés pour les hommes, a été rejeté ;

« Que pour combattre l'amendement de M. Bethmont, le docteur Bouilland, dont la haute compétence est incontestable, s'est exprimé ainsi :

« On a parlé aussi de l'art vétérinaire et on nous a « demandé si on a été jusqu'à proscrire les remèdes et « préparations pharmaceutiques pour le traitement des « animaux ; sous ce rapport les animaux ressemblent « beaucoup à l'homme, et les hommes et les animaux « sont égaux devant la pharmacie. Sous le rapport qui « nous occupe, il n'existe point, à proprement parler, « deux médecins et deux pharmaciens. On ne donnera « donc pas plus de brevets à ceux qui feraient des inven-

à raison de sa vertu astringente, est d'un usage répandu dans la thérapeutique, est également employé dans l'industrie, notamment pour la préparation des cuirs. Supposons qu'on découvre un produit nouveau de cette nature, pouvant répondre à cette double destination ; devra-t-on dire qu'il n'est point brevetable parce qu'il constitue un remède ? Assurément non ; ce serait attribuer une portée trop grande à la disposition de la loi qui, précisément parce qu'elle est prohibitive et exceptionnelle, doit être renfermée dans des limites étroites. La loi défend, il est vrai, de breveter les remèdes, mais son interdiction ne peut s'étendre aux produits de l'industrie sous prétexte qu'ils sont utilisables dans la thérapeutique. « De ce qu'une substance possède une vertu médicinale, dit très justement M. Nouguier, ce n'est pas une raison pour lui enlever son caractère industriel et pour en rejeter l'exploi-

« tions pour le traitement des animaux qu'à ceux qui en
« feraient pour le traitement des hommes. »

« Qu'il est donc certain que le législateur a dit et entendu dire que les compositions pharmaceutiques ou remèdes de toute espèce destinés aux animaux comme aux hommes ne sont pas susceptibles d'être brevetés. »

tation exclusive. » Telle est d'ailleurs l'opinion unanime de tous les auteurs qui ont traité des brevets d'invention[1].

Lorsqu'un produit industriel pouvant servir de remède est breveté, l'inventeur a incontestablement le droit d'en interdire l'usage dans l'industrie. Mais peut-il empêcher son emploi comme remède? Le pharmacien poursuivi en contrefaçon de cette substance peut-il, au contraire, se défendre en disant : Votre privilège doit être renfermé strictement dans la sphère de l'exploitation industrielle; or j'emploie votre produit comme médicament, c'est-à-dire dans un domaine où les brevets sont interdits; vous ne pouvez donc pas prétendre que je vous contrefais. L'objection est spécieuse, mais elle ne nous paraît pas fondée. Le législateur interdit, il est vrai, de breveter les remèdes de toute espèce, mais il ne dit pas que la fabrication ou la vente d'un remède ne peut jamais constituer une contrefaçon. Si, comme il est incontestable, une substance propre à la fois aux usages de l'industrie et

1. POUILLET, no 73; NOUGUIER, no 547; RENOUARD, nos 79 et 80.

aux besoins de la thérapeutique peut être valablement brevetée, son inventeur doit être investi d'une protection complète, absolue, car le privilège que la loi lui confère est, par sa nature même, incompatible avec une restriction que rien n'autorise. D'ailleurs le système opposé ouvrirait la porte à une fraude trop facile : quand le breveté saisirait son produit chez le fabricant, celui-ci ne manquerait pas de dire qu'il travaille non pour l'industrie mais pour la médecine; et l'inventeur se verrait désarmé en face de la contrefaçon s'il ne pouvait faire respecter son droit par tout le monde, aussi bien par les pharmaciens que que par les autres commerçants ou industriels. Dira-t-on que décider ainsi, c'est méconnaître la pensée du législateur qui, en déclarant les remèdes non brevetables, a voulu les soustraire à la spéculation et à l'accaparement? L'objection n'est pas sérieuse, car si un produit ayant des vertus médicinales est employé dans l'industrie, on peut être certain que son prix ne sera pas très élevé et qu'il sera toujours abordable pour les malades[1].

1. *Contra* BEDARRIDE, *Brev. d'Inv.*, no 84.

87. Produits alimentaires. — Ces produits ne sont pas des remèdes, et par conséquent la prohibition de la loi ne leur est pas applicable. Un amendement qui tendait à les faire déclarer non brevetables a été repoussé par la Chambre des députés. Il peut arriver que certaines de ces substances soient susceptibles d'être employées comme remèdes; dans ce cas, d'après la règle que nous venons de poser, il faut décider qu'elles peuvent être valablement brevetées et que l'inventeur est en droit d'en interdire la contrefaçon aussi bien dans l'industrie ou le commerce que dans la thérapeutique.

La Cour de cassation a jugé dans ce sens que la combinaison de deux substances alimentaires, par exemple du chocolat et du gluten, pouvait faire l'objet d'un brevet valable (Rej., 14 décembre 1855 : Durand c. Larbaud, PATAILLE, 1856, p. 108). L'arrêt ajoute qu'il n'y a pas de contrefaçon punissable de la part du pharmacien qui utilise la même combinaison en y ajoutant une autre substance médicamenteuse, telle que le sel de Vichy. A première vue, cette seconde partie de la décision semble contredire la thèse que nous avons développée plus haut, et l'on pourrait être tenté d'en conclure que le brevet pris pour un produit alimentaire ne protège pas l'inventeur contre l'emploi fait par les pharmaciens. Mais une lecture attentive de cet arrêt montre au contraire que notre avis est en tous points conforme à la jurisprudence de la Cour de cassation. En effet, la Cour de Toulouse, contre la décision de laquelle le pourvoi avait été formé, relevait des différences profondes entre la combinaison brevetée et celle dont faisait usage le pharmacien poursuivi ; de ces différences mises en lumière par une expertise, elle concluait qu'aucune atteinte n'avait été portée aux droits de l'inventeur, ni par la fabrication de produits similaires, ni par l'emploi de moyens faisant l'objet de son brevet. La Cour de cassation, reconnaissant que les juges d'appel avaient souverainement apprécié ces circonstances de fait, déclarait donc implicitement que leur décision aurait dû être différente si les produits argués de contrefaçon, même employés comme remèdes, avaient été identiques à la combinaison brevetée en tant que substance alimentaire.

Un produit alimentaire peut, par l'addition

d'une substance médicamenteuse, devenir un véritable remède ; dans ce cas, il n'est plus susceptible d'être breveté.

Il a été décidé en ce sens que le *pain ferrugineux* (mélange de sels de fer avec le pain) constitue un produit pharmaceutique, et par cela même n'est pas brevetable (Trib. civ. Seine, 5 mars 1847, *Le Droit,* an. 1847, p. 60 ; cité par M. Pouillet, n° 74 *bis*).

88. Cosmétiques, Eaux dentifrices. — Ces produits ne sont point des remèdes, et par suite ils sont brevetables. Nous en dirons autant des poudres, eaux, savons, et en général de tous les articles de parfumerie qui sont utilisés pour la toilette. Sans doute ils peuvent, dans une certaine mesure, concourir à l'entretien de la santé, mais leur caractère hygiénique ne suffit pas pour les faire ranger dans la classe des substances ou combinaisons médicinales. Cependant il est possible qu'un cosmétique, une eau dentifrice, un savon même, constitue un véritable remède ; dans ce cas, il est bien évident que l'interdiction de prendre un brevet doit être appliquée dans toute sa rigueur. Il y a là, d'ailleurs, une question de fait abandonnée à l'appréciation des tribunaux, qui ne manqueront pas, pour la trancher, de recourir aux lumières d'une expertise.

89. Substances hygiéniques. — Comme nous venons de le dire, ces substances ne sont point, à proprement parler, des remèdes, et par conséquent elles peuvent faire l'objet de brevets valables. L'hygiène a bien quelques liens de parenté avec la médecine, mais les prescriptions de celle-ci ne doivent pas être assimilées aux précautions et aux conseils de la première. Autrement il faudrait, ce qui serait absurde, considérer comme remèdes tous les aliments et toutes les boissons qui conviennent à chaque tempérament.

Il a été jugé à cet égard que le fait qu'une liqueur hygiénique (l'*Eau des Carmes*) soit, dans certaines circonstances, administrée comme médicament, ne peut avoir pour résultat d'en changer le caractère et d'en faire un produit pharmaceutique (Rej. 8 mai 1868 : Boyer c. Boyer, DALLOZ, 1868-1-507).

90. Art dentaire. — Nous avons déjà vu

que les eaux dentifrices ne constituent pas des remèdes, à moins, bien entendu, qu'elles ne soient destinées à guérir les gencives d'une affection quelconque, auquel cas elles devraient être considérées comme substances médicamenteuses, et partant non brevetables. Il faut en dire autant des compositions employées par les dentistes pour obturer les dents.

Il a été jugé qu'un mastic dentaire, par cela même qu'il n'est pas appliqué à la guérison de la carie comme remède, mais est employé comme moyen d'obturer la dent malade, ne rentre pas dans la catégorie des compositions pharmaceutiques ou remèdes de toute espèce visés par l'article 3 (Paris, 6 mai 1857 : Sorel et Lalmant c. Billard et autres, PATAILLE, 57-268).

91. *Instruments de chirurgie.* — Les mêmes raisons, contestables suivant nous, qui ont déterminé le législateur à proscrire les brevets pour les remèdes et compositions pharmaceutiques, auraient pu le conduire à édicter la même interdiction pour les instruments de chirurgie. Mais il n'est pas allé jusque là et nous devons nous garder d'étendre au-delà de ses termes précis une disposition restrictive du droit commun. Or on ne saurait, sans forcer singulièrement le sens naturel des mots, faire entrer dans la catégorie des remèdes les instruments, les appareils de toute nature qui, sans agir directement et par eux-mêmes sur l'organisme, facilitent l'application d'un traitement thérapeutique. Tel est, par exemple, un système de pulvérisateur pour soigner les affections de la gorge. La substance injectée dans le larynx est bien un remède, mais non l'appareil qui sert à rendre son usage plus facile et son action plus efficace. Tel est encore un appareil destiné à faire passer des courants électriques dans un membre malade : c'est l'électricité et non l'instrument qui constitue le remède.

La prohibition de l'article 3 ne s'applique pas davantage aux instruments divers qui peuvent être employés pour les opérations chirurgicales, ni aux appareils dont on fait usage dans l'orthopédie.

Il a été jugé : Qu'un appareil orthopédique destiné à redresser les déviations de la taille est susceptible d'être breveté (Rej., 30 mars 1853 : Guérin c. Hossard, DALL., 53-1-198) ; — Qu'un tissu électrique destiné à être employé comme moyen de soulagement de douleurs locales, ne constitue pas la composition pharmaceutique ou le remède quelconque qui, d'après la loi de 1844, ne peut être breveté (Paris, 23 août 1866 : Courant c. Deshayes, PATAILLE, 67-337); — Que l'idée de faire des capsules gélatineuses pour servir d'enveloppe aux médicaments constitue une invention brevetable (Cass., 12 novembre 1839 : Duval c. Mothes, SIREY, 39-1-932); — Qu'un appareil (l'*Injecteur Paillasson*) destiné à introduire dans le corps humain des médicaments à l'état pâteux pouvait être valablement breveté (Cass., 29 juin 1873, SIR., 77-1-206) [1].

Il a été jugé en sens contraire que la moutarde en feuille *(Sinapisme Rigollot)* constitue une composition pharmaceutique (Lyon, 28 juin 1870 : Rigollot c. Lemay, PATAILLE, 70-324).

Cette dernière décision nous paraît critiquable. En effet, le papier sinapisé de Rigollot ne constitue pas un médicament proprement dit; c'est un mode de préparation d'un remède,

---

1. *Id.*, Trib. corr. Seine, 15 fév. 1860 : Clertan et Lavalle c. Machiewiez, cité par BRIAND et CHAUDÉ, p. 836.

qui, à ce titre, devait échapper à la prohibition de la loi de 1844. La feuille de papier sur laquelle est fixée la moutarde, pas plus que la substance employée comme fixatif, n'exerce par elle-même aucune action médicale ; elle est simplement destinée à rendre plus commode, plus efficace peut-être, l'emploi du remède avec lequel elle ne devait pas être confondue. La Cour de cassation a fait, suivant nous, une plus juste interprétation de la loi en déclarant brevetables les capsules gélatineuses qui, on est bien obligé de le reconnaître, jouent un rôle identique à celui du papier dans les sinapismes Rigollot.

92. *Législations étrangères.* — L'interdiction de breveter les compositions pharmaceutiques et remèdes de toute espèce se trouve dans un grand nombre de lois étrangères. Nous la rencontrons dans la loi autrichienne du 15 août 1852, dont l'article 2 étend cette défense aux préparations d'aliments et de boissons ; dans la loi allemande du 3 mai 1877 qui, dans son article 1er, déclare non brevetables les inventions de moyens alimentaires, hygiéniques et médicaux ; dans la loi espagnole du 30 juillet 1878, dont l'article 9 interdit de breveter les compositions pharmaceutiques ou médicamenteuses de toute espèce.

93. Caractères que doit présenter l'invention pour être brevetable. — Pour qu'une invention puisse être valablement brevetée, il faut qu'elle constitue soit un produit industriel nouveau, soit un nouveau moyen, soit une application nouvelle de moyens connus pour l'obtention d'un résultat ou d'un produit industriel. Telle est la règle écrite dans l'article 2 de la loi du 5 juillet 1844. Quelques exemples la feront bien comprendre. Nous voyons un produit dans l'acétate de plomb, qui peut à la fois être employé comme remède et comme substance tinctoriale et qui, par conséquent, est susceptible d'être breveté. Les capsules gélatineuses destinées à renfermer certains remèdes et à en faciliter l'usage, constituent un moyen dans le sens de la loi; nous en dirons autant d'un appareil orthopédique ou d'un instrument de chirurgie. Nous trouvons enfin l'application nouvelle de moyens connus dans un appareil électrique employé par la thérapeutique : l'électricité est le moyen connu; quant à l'application nouvelle, elle consiste dans l'usage médical qui est fait de cet agent[1].

94. Nouveauté de l'invention. — Quelle que soit la nature de l'invention, pour être valablement brevetée, il faut, avant tout, qu'elle soit nouvelle. Elle n'a point ce caractère essentiel de nouveauté lorsque, antérieurement à la date de la demande du brevet, elle a reçu, soit en France, soit à l'étranger, une publicité suffisante pour pouvoir être exécutée (art. 31). Ainsi, d'après cette règle, un brevet doit être considéré comme nul lorsque l'invention qui en forme l'objet a été connue publiquement avant sa date. Peu importe d'ailleurs le lieu ou le mode de cette publicité : qu'elle se soit produite en France ou au-delà de nos frontières, fût-ce même dans les pays les plus reculés ; qu'elle résulte d'un brevet antérieur ou d'une description dans un livre, un journal, une circulaire ; qu'elle soit la conséquence d'un fait matériel d'exploitation, ou bien d'une expérience publique ; peu importe, disons-nous, le brevet n'a aucune valeur si cette

1. POUILLET, n°s 20 et suiv.

8.

publicité a été suffisante pour permettre de connaître et d'exécuter les moyens de l'invention[1].

La nouveauté qu'exige la loi est absolue, sans restriction, si bien qu'elle fait défaut lorsque l'inventeur lui-même, avant de prendre son brevet, a commis l'imprudence de divulguer sa découverte. Quand il traverse la période des expériences, des essais qui souvent sont indispensables pour éprouver et préparer l'invention, il doit donc s'entourer de toutes les précautions nécessaires et se mettre à l'abri des indiscrétions qui pourraient compromettre la validité de son brevet[2].

1. POUILLET, nos 371 et suiv.
2. *Id.*, nos 383 et suiv.

CHAPITRE II.

Demande et délivrance des Brevets et Certificats d'addition; transmission; nullités et déchéances.

S O M M A I R E :

95. Formes de la demande. — 96. Importance de la description. — 97. Ce que doit contenir la demande. — 98. Taxe, procès-verbal de dépot. — 99. Délivrance. — 100. Brevet demandé pour un produit pharmaceutique. — 101. Communication et publication des brevets. — 102. Certificats d'addition et brevets de perfectionnement. — 103. Brevets d'importation. — 104. Propriété et transmission des brevets. — 105. Nullités et déchéances.

95. Formes de la demande. — Les formalités relatives à la demande et à la délivrance des brevets sont énumérées dans les articles 5, 6 et 7 de la loi. L'inventeur doit déposer, sous cachet, au secrétariat de la préfecture, dans le département où il est domicilié, ou dans tout autre département, en y élisant domicile : 1º sa demande au ministre de l'agriculture et du commerce (aujourd'hui au ministère du commerce et des colonies) ; 2º une description de sa découverte ; 3º les dessins ou échantillons qui seraient nécessaires pour l'intelligence de la description ; 4º un bordereau des pièces déposées.

96. *Importance de la description.* — La description présente la plus grande importance, car c'est elle qui détermine l'étendue et la portée du privilège accordé à l'inventeur. Si elle n'est pas suffisante pour permettre à un homme du métier de comprendre et d'exécuter l'invention ; ou bien si elle n'indique pas d'une manière complète et loyale les moyens de la découverte, le brevet est nul aux termes de l'article 30, § 6.

97. *Ce que doit contenir la demande.* — La demande doit être limitée à un seul objet principal : il n'est pas permis de prendre un seul brevet pour deux ou plusieurs inventions qui n'ont pas entre elles un lien étroit de dépendance et de connexité. La demande mentionne la durée que l'inventeur entend assigner à son brevet (cinq, dix ou quinze années) ; elle ne doit contenir ni restrictions, ni conditions, ni réserves ; c'est-à-dire que le postulant ne peut modifier en quoi que ce soit les conditions du monopole que la loi lui confère. Toute prétention contraire à cette règle serait considérée comme non avenue, sans toutefois entraîner la nullité du brevet. La demande doit indiquer un titre renfermant la désignation sommaire et précise de l'objet de l'invention. Si le titre indiquait frauduleusement un objet autre que le véritable, le brevet serait nul aux termes de l'article 30, § 5. Enfin la demande doit être écrite en langue française, sans altération ni surcharge ; les mots rayés comme nuls sont comptés et constatés, les pages et les renvois paraphés. Ces précautions sont prises pour éviter toute altération postérieure des brevets.

98. *Taxe ; procès-verbal de dépôt.* — Avant de déposer ses pièces qui portent sa signature ou celle de son mandataire, le postulant doit verser à la caisse de la recette générale pour Paris et à celle du receveur central pour les départements, une somme de cent francs à valoir sur le montant de la taxe ; le récépissé de cette somme est joint aux pièces. Quand le dépôt est effectué, le secrétaire de la préfecture dresse un procès-verbal qui en énonce le jour et l'heure. C'est la date du dépôt mentionnée dans ce procès-verbal qui, en cas de contestation, détermine la priorité des droits de l'inventeur et qui fait courir la durée du brevet.

99. *Délivrance.* — Dans les cinq jours du dépôt, le préfet transmet les pièces au ministre qui délivre le brevet *sans examen préalable.* Il n'a point en effet à rechercher si l'invention est vraiment nouvelle et sérieuse, si la description en est exacte et fidèle. La demande est-elle régulièrement formée ; le postulant produit-il toutes les pièces exigées par la loi, l'administration ne peut refuser la délivrance (art. 11). Aux tribunaux seuls il appartient d'examiner si l'invention était nouvelle et brevetable et de prononcer, s'il y a lieu, la nullité d'un brevet obtenu en dehors des conditions légales. Le brevet est donc délivré aux risques

et périls du demandeur qui peut, comme il
arrive fréquemment, avoir entre les mains un
titre dépouillé de toute espèce de valeur. Pour
qu'il ne lui soit pas possible de s'en prévaloir
et d'en abuser auprès d'un public ignorant, la
loi lui impose l'obligation, quand il mentionne
sa qualité de breveté, d'y ajouter ces mots :
sans garantie du gouvernement (art. 33).

**100. *Brevet demandé pour un produit phar-
maceutique.*** — Bien que le ministre soit tenu de
délivrer, sans examen préalable, le brevet qui
lui est régulièrement demandé, il peut cependant refuser la délivrance quand la demande
est faite pour des produits pharmaceutiques
ou bien pour des plans de finance que la loi
comprend dans la même prohibition (art. 13).
Mais il n'a ce droit que si le titre s'applique
à l'un de ces objets déclarés non brevetables.
Dans le cas où le demandeur, usant d'un sub-
terfuge, voudrait dissimuler un remède ou une
combinaison de crédit sous un titre inexact,
mais parfaitement licite, l'administration dé-
sarmée ne pourrait pas refuser le brevet, car
son droit se borne à examiner le titre et il ne
lui est point permis de rechercher si la des-

cription se rapporte à un objet différent. C'est
là un rôle réservé aux tribunaux qui sauront
déjouer la fraude en prononçant la nullité des
brevets.

Il peut arriver que le ministre refuse la
délivrance en prétendant sans raison que le
titre indique une composition pharmaceutique ;
dans ce cas, l'inventeur a le droit de se pour-
voir devant le Conseil d'État contre l'arrêté du
ministre. Un exemple de ce recours s'est présenté à l'occasion d'une demande de brevet
pour la fabrication du *chocolat à l'huile de foie
de morue*. Le ministre, ayant vu dans cette
substance une composition pharmaceutique,
refusa la délivrance ; l'inventeur se pourvut
contre cette décision devant le Conseil d'État,
qui cassa l'arrêté ministériel et autorisa la
demande du brevet (Conseil d'État, 14 avril
1864 : Laville c. ministre de l'agriculture et
du commerce, PATAILLE, 64-435).

**101. *Communication et publication des bre-
vets*.** — Toute personne intéressée peut prendre
communication des brevets délivrés, dans une
salle destinée à cet effet au ministère du commerce. Il suffit pour cela de connaître et de

donner le numéro du brevet dont on veut prendre connaissance. A défaut de ce renseignement, et lorsqu'on désire faire des recherches complètes, on trouve des catalogues dressés chaque année qui permettent de connaître facilement les numéros des brevets qu'on a besoin de consulter. La communication se fait sans frais, et il est même permis depuis quelques années de prendre soi-même et sur place copie de descriptions et dessins mis à la disposition du public. Mais l'administration délivre, moyennant un droit, des expéditions officielles de brevets qui peuvent être nécessaires, par exemple, pour produire dans un procès. A l'expiration des brevets, les originaux des descriptions et dessins sont déposés au Conservatoire des arts et métiers, où le public peut en prendre communication et copie avec toute liberté (art. 23 à 26).

102. Certificats d'addition et brevets de perfectionnement. — Souvent l'inventeur, pressé de prendre un brevet, n'a point encore réalisé sa découverte dans toute sa perfection : la loi devait nécessairement lui permettre d'y apporter tous les perfectionnements dont l'expérience lui ferait comprendre l'utilité. Il n'est pas nécessaire pour cela qu'il prenne un nouveau brevet à chaque modification nouvelle de l'invention primitive ; il lui suffit de demander un certificat d'addition qui ne donne lieu qu'au paiement d'une taxe fixe de vingt francs. Mais, si le certificat d'addition est économique, il présente certains inconvénients que nous devons signaler. Il constitue un accessoire du brevet principal dont il partage toutes les chances de caducité, ne pouvant dans aucun cas lui survivre. S'il est pris, par exemple, dans la quatorzième année du brevet, il n'aura qu'un an d'existence, et si, avant l'expiration normale de sa durée, le brevet vient, pour une cause quelconque, à tomber dans le domaine public, le certificat d'addition subira nécessairement le même sort. En outre, pour être valable, il faut que ce dernier soit pris pour un perfectionnement, un changement, une addition se rattachant au brevet principal. Si cette connexité n'existe pas, le certificat est nul aux termes de l'article 30, § 7. Aussi l'inventeur, comme la loi lui en laisse la faculté, peut-il avoir un intérêt sérieux à prendre, au lieu d'un certificat d'addition, un brevet de perfectionnement qui a son existence propre, indépendante du brevet principal. La prudence lui conseillera ce parti lorsqu'il n'aura découvert son perfectionnement qu'à une époque voisine de l'expiration du brevet, et surtout lorsqu'il aura conçu des craintes sérieuses pour la validité de son titre primitif.

Nous avons supposé jusqu'ici que c'est le breveté lui-même qui perfectionne son invention. Si c'est une autre personne, quel sera son droit? Assurément, à peine avons-nous besoin de le dire, elle ne pourra prendre un certificat d'addition; mais pourra-t-elle obtenir un brevet de perfectionnement? La loi, dans son article 18, lui reconnaît ce droit, mais avec une restriction: pendant la première année du brevet principal, le titulaire seul ou ses ayant-droit peuvent prendre un brevet de perfectionnement; néanmoins toute personne, pendant ce délai, pourra faire une demande qui sera déposée sous cachet au ministère. L'année expirée, le cachet est brisé; si la demande, tenue secrète jusqu'alors, porte sur un perfectionnement pour lequel le breveté n'aura demandé ni certificat d'addition, ni brevet, le tiers aura garanti son droit. Que si au contraire le breveté s'est déjà mis en règle pour s'assurer la propriété du même changement ou addition à sa découverte, alors la loi le préfère à tout autre, et la demande faite par un tiers est considérée comme non avenue. Après l'expiration de la première année, toute personne peut, en remplissant les formalités habituelles, obtenir un brevet de perfectionnement. Toutefois, que ce brevet soit pris avant ou après la première année, le titulaire n'a pas le droit de l'exploiter tant que le brevet principal est encore debout. Autrement, on le conçoit, il ferait à l'invention primitive une concurrence désastreuse et il serait contraire à toute justice de lui permettre, pour exploiter son perfectionnement, de passer sur le domaine du brevet principal, dont les droits seraient méconnus. Il est bien évident que, de son côté, le titulaire du brevet primitif ne peut pas exploiter l'invention du nouveau brevet, sur lequel il n'a aucune espèce de droit (art. 19). Les deux inventeurs se trouvent ainsi dans une situation fausse et difficile qui les déterminera souvent à une entente, à une alliance commandée par le besoin de leurs intérêts respectifs.

103. *Brevets d'importation.* — Les étrangers peuvent obtenir en France des brevets d'invention en se conformant aux prescriptions de notre loi (art. 27 et 28).

L'auteur d'une invention déjà brevetée à l'étranger peut obtenir un brevet en France, mais la durée de ce brevet est limitée à celle des brevets antérieurement pris à l'étranger (art. 29). La loi n'a pas voulu qu'une invention dont l'exploitation devient libre au-delà de nos frontières puisse être entravée par un monopole sur notre territoire. Observons que le brevet pris de la sorte par l'importateur d'une découverte étrangère doit offrir le caractère de nouveauté essentiel à la validité de tous brevets. Si donc l'inventeur, avant de se faire garantir chez nous, obtient des patentes à l'étranger, il doit faire diligence et prévenir une publicité qui enlèverait toute valeur à son brevet d'importation.

104. *Propriété et transmission des brevets.* — Le brevet d'invention constitue au profit de son titulaire un véritable droit de propriété qui se transmet à ses héritiers et peut faire l'objet d'une libéralité testamentaire, d'une donation ou bien d'une vente. La cession du brevet peut être totale ou partielle ; elle est partielle lorsque, par exemple, l'inventeur concède à un tiers le droit d'exploiter concurremment avec lui ; ou bien lorsqu'il accorde le droit de fabriquer, se réservant le droit de vendre, et réciproquement ; ou bien encore lorsqu'il limite la cession à un temps ou à un périmètre déterminé. Qu'elle soit totale ou partielle, la cession est soumise à certaines formalités : 1º Rédaction d'un acte notarié ; 2º Paiement intégral des annuités à courir ; 3º Enregistrement au secrétariat de la préfecture du département dans lequel l'acte a été passé (art. 20). Si ces trois formalités n'ont pas été remplies, la cession lie bien les parties contractantes, mais elle est sans effet à l'égard des tiers et notamment des contrefacteurs, que le cessionnaire ne pourrait pas poursuivre en son nom. L'apport d'un brevet dans une Société doit-il être considéré comme une véritable cession et assujetti aux formalités de l'article 20 ? La jurisprudence n'est pas fixée sur cette question, et dans le doute il est prudent de se conformer aux règles de la cession ordinaire.

Quand, au lieu de céder tout ou partie de la propriété de son brevet, l'inventeur ne concède qu'un droit d'exploitation plus ou moins étendu, l'acte prend le nom de *licence* et n'est soumis à aucune formalité. Le contrat peut être fait régulièrement sous seings privés ; il peut même résulter, comme il arrive souvent, d'une simple convention verbale établie par un échange de correspondance. Mais il est bien entendu que l'inventeur demeurant seul investi de la propriété du brevet a seul qualité pour poursuivre les contrefacteurs.

Les cessionnaires et licenciés profitent de plein droit des certificats d'addition qui peuvent être ultérieurement obtenus par le breveté ; et réciproquement ce dernier bénéficie des certificats d'addition demandés par ses cessionnaires ou porteurs de licence (art. 22).

105. Nullités et déchéances. — Le breveté, pour conserver le privilège que la loi lui confère, est tenu de remplir certaines obligations :

1º Il doit, au commencement de chacune des années de son brevet, payer son annuité, qui est de cent francs. Il a été jugé que le versement pouvait être valablement fait le jour anniversaire du dépôt de la demande ; mais il est plus prudent de ne point attendre ce terme fatal et de payer au plus tard la veille de l'échéance ;

2° Le breveté doit mettre en exploitation sa découverte ou son invention en France, dans le délai de deux ans, à dater du jour de la signature du brevet. Il est tenu en outre de continuer cette exploitation, par la suite, de manière à ne jamais l'interrompre pendant deux années consécutives. S'il contrevient à cette prescription de la loi, il encourt la déchéance de son brevet, à moins qu'il ne justifie des causes de son inaction. Ces causes peuvent être, par exemple, la misère du breveté, une maladie, des évènements politiques ou des circonstances de force majeure qui ont empêché l'exploitation du brevet sans qu'on puisse accuser l'inventeur de négligence ou de mauvaise volonté ;

3° Le breveté obligé, comme nous venons de le voir, d'exploiter son invention en France, ne peut pas y introduire des objets fabriqués en pays étranger et semblables à ceux qui sont garantis par son brevet. Cette interdiction, édictée dans l'intérêt de l'industrie nationale, ne reçoit d'exception que pour les modèles de machines dont le ministre du commerce peut autoriser l'introduction sur notre territoire, par exemple, en vue d'une exposition publique ou bien pour des essais faits avec l'assentiment du gouvernement (Loi du 20 mai 1856).

Si le breveté manque à l'une des obligations ou enfreint les défenses que nous venons d'énumérer, la loi (art. 32) le déclare déchu de tous ses droits.

Outre les motifs de déchéance qui sont, par leur nature, postérieurs à la prise du brevet, la loi établit des causes de nullité qui affectent le brevet dans son origine et l'empêchent pour ainsi dire de naître viable. Nous avons eu déjà l'occasion d'en mentionner quelques-unes : le défaut de nouveauté ; l'inexactitude frauduleuse du titre ; l'insuffisance du mémoire descriptif ou la dissimulation des véritables moyens de la découverte ; la nature de l'invention qui n'est point brevetable (compositions pharmaceutiques et remèdes de toute espèce, combinaisons de crédit et plans de finance). La loi déclare également nuls les brevets portant sur des principes, méthodes, systèmes, découvertes et conceptions théoriques dont on n'a pas indiqué les applications industrielles. Il en est de même pour les brevets dont les objets sont reconnus contraires à l'ordre public ou aux bonnes mœurs (art. 30).

Toute personne intéressée peut poursuivre la déchéance ou la nullité d'un brevet. L'action doit être portée devant les tribunaux civils de première instance, seuls compétents pour connaître de ces sortes d'affaires (art. 34 à 39).

CHAPITRE III.

De la Contrefaçon.

———

106. Droit de poursuite. — Le titulaire ou cessionnaire régulier d'un brevet étant investi d'un véritable droit de propriété, toute atteinte portée à ce droit constitue un délit, un vol industriel, dont il peut poursuivre la répression. Toutefois, à la différence des délits ordinaires qui, au moins en général, peuvent être poursuivis et déférés d'office aux tribunaux par les parquets, le délit de contrefaçon n'est jamais réprimé que sur la plainte et sur l'action directe de la partie intéressée.

107. Ce qui constitue la contrefaçon. —
Selon la nature de la découverte, la contrefaçon consiste tantôt dans la fabrication de
produits, tantôt dans l'emploi de moyens faisant l'objet du brevet. Mais la loi ne punit que
l'usage commercial ou industriel de l'invention
brevetée ; quant à l'usage personnel fait de
bonne foi et sans aucune idée de trafic ou de
spéculation, il ne constitue pas un délit. C'est
du moins ce que décide une jurisprudence
unanime. Il peut arriver que l'usurpation porte
sur une partie du brevet en respectant les
autres : dans ce cas, la contrefaçon, pour être
partielle, n'en est pas moins punissable.

108. Complicité. — Souvent l'inventeur se
trouve dans l'impossibilité de découvrir et d'atteindre l'auteur de la contrefaçon qui se dérobe
à ses recherches. La loi ne lui eût donc accordé
qu'une protection incomplète et souvent illusoire, si elle ne lui avait permis de poursuivre
les intermédiaires et les complices du contrefacteur. Aussi l'article 41 a-t-il eu soin d'assimiler à l'auteur principal du délit ceux qui
recèlent, vendent, exposent en vente ou intro-
duisent de l'étranger en France les objets con-

trefaits. Mais, tandis que le premier tombe sous l'application de la loi, alors même que sa bonne foi serait indiscutable et qu'il aurait ignoré l'existence du brevet, les complices sont admis à prouver leur bonne foi et de la sorte échappent à la peine de la contrefaçon. Doit-on déclarer punissables ceux qui, sans commettre un des actes de recel, vente ou introduction, prévus par l'article 41, prêtent leur concours au contrefacteur, par exemple en lui fournissant la matière première servant à sa fabrication délictueuse? Autrement dit, doit-on appliquer ici les règles ordinaires de la complicité écrites dans l'article 60 du Code pénal? Nous estimons, d'accord avec une jurisprudence constante, que, la loi de 1844 ayant défini les actes assimilés au délit de contrefaçon, il n'est pas permis d'étendre une énumération strictement limitative.

109. Preuve de la contrefaçon et tribunaux compétents. — La contrefaçon peut être établie par tous moyens et même par de simples témoignages. Mais la loi met à la disposition du breveté un moyen de preuve plus sûr et moins discutable : c'est la saisie pratiquée suivant les formes prescrites par l'article 47. Pour produire ses effets, cette saisie doit être suivie, dans la huitaine, d'une assignation soit devant le tribunal civil, soit devant le tribunal correctionnel : car l'une et l'autre juridiction est compétente pour connaître des poursuites en contrefaçon.

110. *Peines et réparations*. — Devant les tribunaux civils, toutefois, le breveté ne peut obtenir que la réparation du préjudice qui lui a été causé par le délit. Devant le tribunal correctionnel, il peut, en outre, faire condamner le contrefacteur à une peine qui est une amende de cent à deux mille francs. En cas de récidive, c'est-à-dire si le prévenu a déjà été puni pour contrefaçon dans les cinq années antérieures, un emprisonnement d'un mois à six mois peut s'ajouter à l'amende. La même peine de l'emprisonnement peut aussi être prononcée lorsque la contrefaçon est commise par un ancien ouvrier du breveté, ou bien lorsque le contrefacteur, s'étant associé avec un ouvrier ou employé, a eu connaissance, par ce dernier, des procédés décrits au brevet (art. 40 à 43).

Qu'il porte son action devant le tribunal civil ou correctionnel, le breveté peut, en outre d'une indemnité pécuniaire, obtenir la confiscation des objets reconnus contrefaits, ainsi que l'affiche et l'insertion du jugement dans un certain nombre de journaux, aux frais du contrefacteur condamné (art. 49). Mais, s'il succombe dans sa poursuite, il peut être condamné lui-même à des dommages-intérêts envers celui qu'il a légèrement et à tort accusé de contrefaçon.

LIVRE QUATRIÈME

DESSINS ET MODÈLES DE FABRIQUE

———

111. Définition. — Le dessin de fabrique est toute combinaison de lignes ou de couleurs qui donne un aspect, une physionomie spéciale à l'objet sur lequel elle est appliquée. Le modèle consiste dans la forme, le contour de l'objet lui-même ; c'est, en quelque sorte, le dessin en relief.

On conçoit, d'après cette définition, que les dessins et modèles de fabrique peuvent jouer un certain rôle dans la pharmacie. Ainsi, par exemple, c'est un bandage dont le tissu présente une combinaison de lignes ou de couleurs qui lui donnent un aspect particulier ; ou bien c'est un récipient d'une certaine forme destiné à recevoir une substance médicamenteuse solide ou liquide[1].

Nous allons examiner rapidement la manière dont s'acquiert, se conserve et se garantit la propriété des dessins ou modèles de fabrique.

112. Loi du 18 mars 1806. — C'est dans cette loi portant établissement d'un Conseil des prud'hommes à Lyon, que se trouve réglementée la protection des dessins de fabrique. La jurisprudence a étendu aux modèles les dispositions d'une loi qui ne visait expressément que les dessins. Voici comment s'exprime l'article 15 de cette loi : « Tout fabricant qui « voudra pouvoir revendiquer, par la suite, la « propriété d'un dessin de son invention, sera « tenu d'en déposer aux archives du Conseil « des prud'hommes un échantillon plié sous « enveloppe revêtue de ses cachet et signature, « sur laquelle sera également apposé le cachet « du Conseil des prud'hommes. »

1. Cass., 27 juin 1879 (Sauter et Cie c. Lothon), PATAILLE, 79-360.

113. Nouveauté du dessin. — La première condition pour qu'un dessin puisse faire l'objet d'une propriété privative, c'est qu'il soit nouveau. Toutefois il n'est pas nécessaire que la nouveauté soit absolue; ainsi, le dessin peut être constitué par une combinaison d'éléments connus mais n'ayant pas encore été réunis. Ajoutons que de simples modifications, même de peu d'importance, apportées à un dessin précédemment connu suffiraient pour créer un dessin nouveau protégé par la loi[1]. Ce que nous disons du dessin s'applique également au modèle.

Il peut même arriver qu'un dessin connu et vulgaire devienne susceptible d'un droit privatif; c'est ce qui a lieu lorsqu'il est appliqué à un objet auquel il n'avait jamais été appliqué auparavant, lorsqu'il est transporté d'une industrie dans une autre[2].

114. Dépôt. — Aux termes de l'article 15 de la loi de 1806, le dépôt du dessin ou modèle de fabrique doit être effectué au secrétariat du Conseil des prud'hommes. Il peut être

---

1. POUILLET, *Traité des Dessins de fabrique,* 15 et suiv.
2. Cass., 25 novembre 1881. *Gaz. Trib.,* 1er déc. 1881.

opéré soit par le créateur du dessin ou du modèle, soit par l'industriel ou le commerçant qui l'a commandé et en est devenu propriétaire, soit enfin par le mandataire de l'un ou de l'autre ; il suffit, dans ce dernier cas, d'un pouvoir sous seing privé enregistré.

A défaut de Conseil des prud'hommes, le dépôt doit être effectué au greffe du tribunal de commerce (Ord. du 29 août 1825), ou bien au greffe du tribunal civil, à défaut de tribunal de commerce. Dans tous les cas, c'est au lieu où le déposant a son établissement industriel que le dépôt doit être fait.

Lorsque l'objet sur lequel est appliqué le dessin se trouve soit d'un volume trop grand, soit d'un prix trop élevé, on peut, au lieu d'un échantillon de l'objet lui-même, ne déposer que le dessin. De même, s'il s'agit d'un modèle, il suffit de déposer sa reproduction soit par le dessin, soit, ce qui est préférable, par la photographie. Mais si la couleur joue un certain rôle dans le dessin ou dans le modèle, il faudra, bien entendu, la faire paraître dans la reproduction déposée. Ajoutons que, quelle que soit sa nature ou sa forme, le dépôt devra toujours être fait sous pli cacheté.

115. Effets du dépôt. — Le dépôt garantit la propriété exclusive du dessin ou du modèle pendant une durée qui peut être de un, trois ou cinq ans, ou même perpétuelle, au gré du déposant, dont la déclaration à cet égard est insérée dans le procès-verbal de dépôt (art. 18 de la loi de 1806). Le dépôt produit donc un premier effet : il détermine la durée et le point de départ du droit privatif. Il permet en outre au propriétaire du dessin ou du modèle d'exercer une action en justice et de poursuivre la contrefaçon dont il peut être victime.

Pour être valable, le dépôt doit-il être effectué avant toute mise en vente du dessin ou du modèle ? Dans le silence de la loi, cette question est vivement controversée[1] ; mais la jurisprudence paraît aujourd'hui adopter l'affirmative, et, pour éviter une dangereuse contestation, il est prudent d'opérer le dépôt avant toute mise en vente.

116. Poursuite de la contrefaçon. — La sanction de la loi de 1806 se trouve dans l'ar-

---

1. POUILLET, n°s 53 et *seq.*, et les arrêts cités en note.

ticle 425 du Code pénal, qui punit toute édition de *dessins* faite au mépris des lois et règlements relatifs à la propriété des auteurs. La preuve de la contrefaçon peut s'établir par tous les moyens de preuve ordinaires, témoignages, livres de commerce, factures ou aveu du prévenu. Bien que la loi n'autorise pas expressément ce mode de procédure, on reconnaît, dans la pratique, au propriétaire d'un dessin, le droit de faire opérer une saisie dans la forme prescrite en matière de brevets d'invention ou de marques de commerce, c'est-à-dire en vertu d'une ordonnance rendue sur requête par le président·du tribunal civil.

L'article 426 du Code pénal punit des mêmes peines que la contrefaçon proprement dite le débit ou l'introduction en France de dessins contrefaits. Enfin l'article 60 permet d'atteindre comme complices tous ceux qui ont provoqué le délit ou bien ont fourni les moyens de l'accomplir.

Les peines édictées par la loi pénale sont les suivantes : une amende de cent francs au moins et de deux mille francs au plus pour l'auteur principal de la contrefaçon ; de vingt-cinq francs au moins et de cinq cents francs au plus pour le débitant; — la confiscation des dessins ou modèles contrefaits, et la destruction des planches, moules ou matrices. — La victime de la contrefaçon peut en outre obtenir, à titre de réparation civile, des dommages-intérêts, l'affiche du jugement et son insertion dans les journaux.

Au lieu de suivre la voie correctionnelle, le propriétaire du dessin ou du modèle peut introduire son action devant le tribunal de commerce ou devant le tribunal civil, qui lui accordera la réparation du préjudice causé, sans prononcer, bien entendu, aucune peine contre l'auteur de la contrefaçon.

Quelle que soit la juridiction saisie, il est nécessaire que le tribunal ait sous les yeux le dessin ou le modèle déposé pour le comparer avec l'objet prétendu contrefait. En conséquence, sur la demande du président du tribunal saisi de la contestation, le secrétaire du Conseil des prud'hommes transmet au tribunal le pli cacheté, qui est ouvert à l'audience, devant les parties.

LIVRE CINQUIÈME

DE LA PROPRIÉTÉ LITTÉRAIRE

CHAPITRE Ier.

Œuvres de médecine et de pharmacie protégées par les lois sur la propriété littéraire.

SOMMAIRE :

117. Observations générales. — 118. Lois qui protègent la propriété littéraire. — 119. Œuvres pouvant faire l'objet du droit de propriété littéraire. — 120. Prospectus ; notices. — 121. Articles de journaux ou de revues. — 122. Recueils et compilations. — 123. Ouvrages de médecine et de pharmacie ; traités et manuels. — 124. Nomenclatures et classifications. — 125. Dessins et figures. — 126. Abrégés. — 127. Traductions. — 128. Leçons et cours publics. — 129. Discours prononcés dans des

117. Observations générales. — Nous avons passé en revue les lois diverses qui protègent le remède lui-même en garantissant à l'inventeur ou premier préparateur la propriété de son nom, de sa marque ou de son dessin de fabrique. Il nous faut maintenant jeter un coup d'œil sur une autre branche de notre législation qui peut intéresser la médecine ou la pharmacie, nous voulons parler des lois relatives à la propriété littéraire.

Souvent l'inventeur d'un remède, désireux d'en faire connaître les avantages et d'en répandre le débit, ne se borne pas à en publier des annonces laconiques à la quatrième page des journaux ; il fait insérer de véritables articles dans des revues médicales et même dans des journaux politiques, où ils frappent l'attention d'un plus grand nombre de lecteurs. Souvent aussi, à côté de cette réclame par la voie de la presse, l'inventeur ou le propriétaire du remède en décrit les vertus et en explique l'usage dans des prospectus qui sont distribués à un grand nombre d'exemplaires, et enroulés autour du remède lui-même qu'ils accompagnent entre les mains de l'acheteur. D'autres fois, enfin, le médicament fait l'objet d'une étude plus sérieuse et plus complète dans une brochure, une monographie, un ouvrage de médecine. Quelle que soit la nature de ce travail, ouvrage, article de journal ou prospectus, il constitue un droit de propriété au profit de son auteur qui peut en poursuivre toute reproduction publiée sans son consentement.

118. *Lois qui protègent la propriété littéraire.* — C'est une loi des 19-24 juillet 1793 qui régit encore actuellement la propriété littéraire, dont elle limite la durée à la vie des auteurs et à dix ans après leur mort. Cette durée fut successivement étendue par le décret du 5 février 1810, la loi des 8-19 avril 1854 et enfin la loi du 14 juillet 1866 qui la fixa définitivement à la vie des auteurs et de leurs veuves et à cinquante années après la mort des auteurs.

Mentionnons aussi le décret du 1er germinal an XIII qui régit les œuvres posthumes.

119. Œuvres pouvant faire l'objet du droit de propriété littéraire. — Toute œuvre de la pensée, quelque minime que soit son importance ou son mérite, a droit à la protection de la loi. Le prospectus le plus banal et le moins littéraire est assimilé, à ce point de vue, à l'ouvrage le plus considérable et le plus savant. L'un ou l'autre confère à son auteur un droit identique, à la seule condition d'être nouveau ; et la nouveauté doit s'entendre non pas du sujet ou de l'idée elle-même qui appartient à tous, mais de la forme qui est personnelle à l'auteur et porte l'empreinte de son originalité.

120. Prospectus ; notices. — Un prospectus accompagnant le remède ou distribué gratuitement constitue la propriété de son auteur, quelque simple qu'en soit la rédaction. Il en est de même d'une notice publiée sous une forme quelconque, par exemple dans un journal ou dans une publication périodique.

Il a été jugé qu'une simple notice (dans l'espèce une réclame sur le clyso-pompe) constitue un ouvrage littéraire dans le sens de la loi (Trib. corr. Seine, 29 janv. 1836 ; *Gaz. Trib.*, 30 janv.).

121. Articles de journaux ou de revues. —
Nous avons déjà dit qu'un article de journal,
destiné à faire connaître un remède, pouvait
être l'objet d'un droit de propriété littéraire.
Il appartient soit à l'auteur lui-même, soit au
journal à qui la propriété a pu en être trans-
mise ; dans tous les cas, nul ne peut le reproduire, sans autorisation, ni dans un journal,
ni dans toute autre publication, ni sous forme
de prospectus.

122. Recueils et compilations. — Ce que
nous venons de dire de l'article inséré dans
un journal ou dans une revue s'applique à plus
forte raison à l'article publié dans un recueil
non périodique, par exemple un dictionnaire
de médecine ou de pharmacie. Chaque morceau de l'ouvrage appartient à son auteur ou
bien, suivant les conventions, au propriétaire
du recueil qui choisit ses collaborateurs, dirige
leur travail et acquiert la propriété des articles
divers dont l'ouvrage est composé. La question
ne fait pas de doute quand il s'agit d'articles
nouveaux soit par le sujet traité, soit par des
observations produites pour la première fois,
soit même seulement par la forme et le style.

Mais certains recueils ne sont qu'une réunion d'articles découpés çà et là dans des ouvrages du domaine public. La loi protège-t-elle ces compilations? Il est bien évident que chaque morceau considéré isolément ne peut faire l'objet d'aucun droit privatif au profit de celui qui a pris seulement la peine de le copier. Mais en est-il de même du recueil considéré dans son ensemble? A défaut d'autre mérite, la compilation peut se recommander par le choix des matières, par l'ordre dans lequel elles sont disposées, par les titres du recueil et de ses diverses divisions : tout cela constitue la propriété de l'auteur, qui peut en interdire l'usurpation sans avoir, bien entendu, le droit d'empêcher qu'un autre après lui publie un recueil semblable, mais dans un ordre, dans une forme et sous un titre différents[1].

123. *Ouvrages de médecine et de pharmacie; traités et manuels.* — Si la loi protège la compilation et l'article d'un journal ou d'une revue, à plus forte raison doit-elle garantir l'auteur d'un ouvrage plus original et plus important.

1. POUILLET, *Propriété littéraire et artistique*, n° 22.

Tel est, par exemple, le traité dans lequel un professeur des écoles de médecine ou de pharmacie expose son enseignement ; ou même le simple manuel plus spécialement destiné à la préparation des examens ; telle est encore la monographie ou la thèse, dans laquelle se trouve traité un point spécial de médecine, de chimie ou d'histoire naturelle. Toutes ces œuvres, quelle que soit leur importance ou leur mérite, sont protégées par la loi, et nul ne peut les reproduire en tout ou en partie sans le consentement de leurs auteurs.

Observons toutefois que ces ouvrages, comme toutes les œuvres scientifiques en général, renferment un certain fonds et certains éléments qui appartiennent au domaine public et ne peuvent faire l'objet d'un droit privatif. Nous ne parlons pas seulement du sujet que chacun est toujours libre de traiter. Mais supposons qu'un savant découvre et décrive dans un ouvrage une nouvelle loi de physique ou de chimie applicable à la thérapeutique, ou bien qu'un médecin publie une méthode nouvelle pour la guérison d'une maladie, il est incontestable que le médecin ou le savant ne pourra pas empêcher la publication dans d'autres ouvrages et la vulgarisation de sa découverte. Son droit se bornera à interdire une reproduction servile dans laquelle ses idées se trouveraient revêtues de la forme même qu'il leur a donnée. Et encore aurait-il mauvaise grâce à se plaindre de cette copie, si d'une part elle était peu étendue, et si d'autre part elle se présentait sous la forme d'une citation mentionnant le nom de l'auteur original.

124. *Nomenclatures et classifications.* — Dans les ouvrages d'histoire naturelle et de médecine, on rencontre des nomenclatures, des classifications qui ne sont nullement arbitraires et qui sont commandées par la force des choses ou par les lois de la nature. Le savant qui les a publiées le premier ne peut, on le conçoit, en interdire la reproduction exacte et intégrale ; car dans ces matières la forme et l'ordre extérieur se confondent avec le sujet lui-même. Ainsi, par exemple, un traité d'anatomie contient l'énumération méthodique des os, des muscles, des tissus, etc., qui se trouvent dans chaque région du corps humain. Non-seulement chacun des termes de la classification, mais encore leur ordre est nécessaire et imposé ; si bien que la moindre modification apportée dans la nomenclature en détruirait l'harmonie et l'exactitude. Chacun est donc libre de reproduire cette énumération en s'inspirant de ses devanciers, qu'il contrefait bien moins qu'il n'imite la nature. Il en serait autrement de classifications arbitraires imaginées dans un but mnémotechnique pour faciliter l'étude d'une science. L'auteur de ces véritables méthodes d'enseignement aurait le droit d'en interdire la reproduction dans des ouvrages pouvant faire concurrence au sien.

125. Dessins et figures. — Ce que nous venons de dire des classifications s'applique également aux dessins et figures qui sont intercalés dans le texte de l'ouvrage. L'auteur ne peut, bien entendu, interdire l'insertion de figures analogues dans d'autres ouvrages traitant le même sujet. Son droit se borne à empêcher la reproduction exacte, la copie servile de ses dessins, qui, bien que cherchant à rendre la nature, n'en portent pas moins l'empreinte de son originalité. Il en est ainsi surtout pour les figures schématiques, dans lesquelles le dessinateur modifie les proportions réelles d'un objet afin d'en mieux mettre en relief les parties intéressantes à étudier. Sans doute la méthode elle-même ne peut faire l'objet d'un droit privatif, mais le dessin, le schéma, œuvre d'un travail personnel, ne saurait être impunément reproduit par d'autres.

126. *Abrégés.* — Quand un ouvrage est tombé dans le domaine public, tout le monde peut librement y puiser et même le reproduire intégralement. A plus forte raison, est-il permis de n'en prendre pour ainsi dire que la substance pour en faire un abrégé. L'auteur de cet abrégé acquiert sur son œuvre un droit de propriété exclusive. Son travail, en effet, s'il n'est point véritablement original, peut se distinguer par l'ordre des matières, le choix des extraits, la clarté du style, toutes choses qui lui sont personnelles et constituent une création de l'esprit dans le sens de la loi[1].

Qu'arriverait-il si l'ouvrage dont il est publié un abrégé n'était pas encore tombé dans le domaine public ? L'auteur de l'abrégé serait-il néanmoins investi d'un droit privatif ? Ou bien

1. POUILLET, nº 31.

devrait-il être considéré comme contrefacteur? Il y a là une question d'appréciation dont les tribunaux sont juges souverains. Si l'abrégé n'est qu'un diminutif, une réduction de l'œuvre originale dont il reproduit le plan, les divisions et le style, il est bien évident qu'il constitue une véritable contrefaçon. Que si, au contraire, il se différencie sur tous ces points, du premier ouvrage avec lequel il n'a de commun que le sujet lui-même, sa publication est parfaitement licite et il doit être protégé par la loi.

127. *Traductions*. — Les questions de médecine font, à l'étranger comme en France, l'objet d'études incessantes consignées dans des ouvrages ou des publications périodiques. Celui qui le premier divulgue ces travaux chez nous acquiert un droit privatif sur sa traduction. Mais ce droit, à peine avons-nous besoin de le dire, est limité à la forme même, au style de la traduction, sans pouvoir s'étendre à l'œuvre originale qui peut être transportée par tout autre dans la même langue.

128. *Leçons et cours publics*. — Les leçons orales faites par un professeur dans une école de médecine ou de pharmacie constituent-elles à son profit une propriété exclusive ? Peut-il en interdire la reproduction par ses élèves ou par toute autre personne ? Pour lui contester ce droit, on a prétendu que la loi de 1793, ne parlant que *d'écrits*, ne pouvait s'appliquer à des leçons orales, et que d'ailleurs la formalité du dépôt exigé par la loi, comme nous le verrons plus tard, ne pouvait être remplie quand il s'agit de cours publics, non imprimés. A ces objections de forme, on ajoute cette autre considération que le professeur est salarié pour faire son cours en public et que les paroles tombées de sa chaire appartiennent à ses auditeurs, qui, de leur côté, paient le plus souvent pour les entendre. Rien n'est plus facile que de répondre à ces raisons. Le professeur reçoit une rémunération pour instruire ses élèves et leur communiquer sa science, mais il ne leur doit rien de plus ; le plan de son enseignement, sa méthode, son style, tout cela lui appartient et ne peut être publié sans son autorisation par des étudiants qui paient uniquement le droit de s'instruire en écoutant le maître. Sans doute ils peuvent prendre des notes plus ou moins complètes et même sté-

nographier les cours ; mais rien ne justifierait
la publication de ces notes essentiellement
personnelles, qui seraient ainsi complètement
détournées de leur véritable destination. En
un mot, l'élève n'a pas plus de droits sur les
leçons orales de son professeur, que le lecteur
sur le livre qu'il achète : il peut en tirer son
profit personnel, mais non un bénéfice commercial exclusivement réservé à l'auteur. Quant
aux objections puisées dans la loi elle-même,
elles ne sont guère plus sérieuses : si en effet
la loi de 1793 ne parle que *d'écrits*, c'est qu'elle
a prévu le cas le plus fréquent, et il est certain que sa protection doit être étendue à
toutes les œuvres de l'esprit, quel que soit
leur mode de manifestation. Du reste, le professeur qui traite une matière scientifique
improvise bien rarement ; presque toujours il
suit un plan, des divisions, des notes écrites
qu'il pourra réunir et faire imprimer plus
tard. Peut-être même le manuscrit est-il tout
prêt avant que les leçons soient commencées,
de telle sorte que le cours est un véritable
écrit dont la reproduction doit être interdite.
Mais, dit-on, le dépôt de ces leçons orales est
impossible ! Nous répondrons que la formalité

du dépôt n'est pas exigée pour les œuvres qui n'en sont pas matériellement susceptibles ; c'est ce que la jurisprudence a décidé pour les œuvres de sculpture et de peinture, auxquelles il est juste d'assimiler des cours publics non imprimés [1].

129. Discours prononcés dans des Sociétés savantes ; comptes-rendus. — Ce que nous disons des leçons orales s'applique aux conférences et aux discours prononcés dans une Société savante ; nul n'a le droit de les publier sans le consentement de l'auteur lui-même. Toutefois, si la Société savante avait un caractère officiel, comme l'Académie de médecine par exemple, nous croyons que les journaux pourraient reproduire les discours prononcés dans son enceinte et les comptes-rendus de ses séances. Mais personne n'aurait le droit de publier un recueil de ces discours ou de ces comptes-rendus sans l'autorisation des orateurs ou du corps savant.

130. Ouvrages couronnés dans un concours.

1. V. RENOUARD, *Traité des droits d'auteur*, t. II, p. 130 ; POUILLET, n° 58.

— Un ouvrage couronné dans un concours soit par une Faculté, soit par une Académie, constitue la propriété exclusive du lauréat. La publicité du concours ne saurait, on le comprend, enlever à l'œuvre récompensée son caractère personnel et privatif pour la faire tomber dans le domaine public.

131. Titre. — Le titre d'un ouvrage présente une grande importance ; car, s'il n'ajoute rien au mérite d'un livre, il le recommande au public et peut contribuer à son succès. Il est donc juste qu'il participe à la protection de l'œuvre elle-même[1]. Mais il faut pour cela, bien entendu, qu'il ne soit pas banal et qu'il ne s'applique pas nécessairement à tous les ouvrages traitant la même matière. Ainsi, par exemple, les titres suivants : *Traité de pharmacie, Traité d'anatomie, Manuel de médecine,* etc., etc., ne pourraient faire l'objet d'aucun droit privatif, car ils désignent indif-

---

1. « Si le titre d'un ouvrage, considéré isolément, ne constitue pas une œuvre littéraire protégée par la loi de 1793, son usurpation doit être considérée sans aucun doute comme un acte de concurrence déloyale. » (POUILLET, *Marques de fabrique,* 631.)

féremment tous les ouvrages écrits sur le même sujet, sans s'appliquer d'une manière spéciale à aucun d'eux.

132. *Œuvres posthumes*. — L'œuvre pos-thume est celle qui est restée *inédite*, c'est-à-dire qui n'a pas été imprimée du vivant de son auteur. Le décret du 1er germinal an XIII en garantit la propriété aux héritiers qui la publient. Mais il faut pour cela que l'œuvre posthume ne soit pas jointe à une nouvelle édition des ouvrages déjà publiés et tombés dans le domaine public ; autrement, elle partagerait le même sort et ne pourrait plus faire l'objet d'aucun droit privatif. L'héritier doit donc avoir soin de la publier isolément ou bien avec d'autres ouvrages qui ne sont pas encore dans le domaine public.

CHAPITRE II.

Conservation et protection des droits d'auteur.

133. Dépôt. — Aux termes de l'article 6 de la loi du 19 juillet 1793, celui qui met au jour une œuvre quelconque est tenu d'en déposer deux exemplaires « à la Bibliothèque nationale et au Cabinet des estampes de la République ». Une loi du 21 octobre 1814 et une ordonnance du 9 janvier 1828 ont modifié le lieu du second dépôt, qui doit être effectué au ministère de l'intérieur à Paris, et dans les départements, au secrétariat de la préfecture.

L'obligation du dépôt incombe à l'imprimeur, qui peut être condamné à une amende de 1,000 fr. s'il ne l'exécute pas ; le dépôt effectué par ses soins profite à l'auteur lui-même.

Qu'arriverait-il si la formalité n'était remplie ni par l'imprimeur ni par l'auteur ? L'ouvrage tomberait-il par cela même dans le domaine public ? Assurément non ; car la propriété littéraire est préexistante au dépôt qui la constate, mais ne la crée nullement. Toutefois, et cette sanction se trouve écrite dans la loi de 1793 (art. 6), l'auteur, en l'absence du dépôt, ne pourrait pas introduire une action en justice pour faire valoir ses droits et poursuivre ses contrefacteurs. Mais il est toujours recevable à remplir une formalité pour laquelle la loi ne lui impartit aucun délai, et son droit de poursuite se trouve sauvegardé par un dépôt même postérieur à l'impression de l'ouvrage [1].

134. Durée des droits d'auteur. — Nous avons vu que, dans le dernier état de notre législation (Loi du 14 juillet 1866), la durée

---

1. V. Pouillet, nº 432 ; *Contra* Gastambide, p. 151.

de la propriété littéraire était fixée à la durée de la vie de l'auteur et à cinquante années après sa mort : de telle sorte qu'elle se trouve divisée en deux périodes, l'une commençant à la publication de l'œuvre pour finir à la mort de l'auteur ; l'autre commençant à cette dernière date pour se terminer cinquante ans après.

S'il s'agit d'articles publiés dans des journaux, des revues, des dictionnaires ou encyclopédies, la seconde période commence à la mort des auteurs de chacun des articles. Pour le recueil, le dictionnaire, etc., considéré dans son ensemble, elle court à partir du décès de la personne à laquelle appartient le dictionnaire ou le recueil.

Quand un ouvrage est composé en collaboration par plusieurs auteurs, la seconde période de jouissance ne commence, pour tous les héritiers, qu'au décès du dernier auteur survivant.

Comment doit se fixer la durée de la propriété littéraire pour les ouvrages appartenant à une Société savante ou une Académie ? Suivant certains auteurs, la durée est perpétuelle ; selon d'autres, elle est limitée à la vie du dernier des membres de l'Académie ou de la Société savante ; dans une troisième opinion, elle doit être fixée à trente ans comme un droit d'usufruit. Nous croyons plus conforme au texte de la loi de subordonner la durée du droit à l'existence de la Société elle-même, qui, pouvant vivre indéfiniment, sera dès lors investie d'un droit de propriété perpétuelle[1].

Pour les ouvrages posthumes, l'héritier qui fait la publication est substitué à l'auteur lui-même : il a donc pendant sa vie la jouissance exclusive de l'œuvre posthume qu'il publie, et cette jouissance passe à ses héritiers personnels pour le temps pendant lequel il en aurait été lui-même investi si l'auteur eût publié de son vivant.

Le cessionnaire d'un ouvrage, l'éditeur par exemple, en acquiert la propriété pour le temps qui reste à courir sur la tête de l'auteur, de sa veuve ou de ses héritiers.

135. Contrefaçon. — La sanction de la propriété littéraire consiste pour l'auteur ou ses ayant-cause dans le droit d'empêcher et de

V. POUILLET, n° 130.

faire punir la reproduction, opérée sans leur consentement, de l'œuvre qui leur appartient. Cette reproduction illicite, qui constitue le délit de contrefaçon, peut être totale ou partielle, suivant qu'elle porte sur l'ensemble ou seulement sur certaines parties de l'ouvrage.

Lorsque les emprunts faits à une œuvre du domaine privé sont peu importants et ne peuvent causer aucun préjudice appréciable à son auteur, il faut y voir non une contrefaçon, mais un plagiat qui n'est justiciable que de l'opinion publique. La différence entre le plagiat et la contrefaçon est, on le conçoit, impossible à déterminer d'une façon précise : les tribunaux apprécient et décident suivant les circonstances.

Il a été jugé que l'auteur d'un ouvrage de pharmacie ne commet pas le délit de contrefaçon lorsqu'en le réimprimant il comprend dans sa nouvelle édition différentes formules empruntées d'un ouvrage nouveau sur le même sujet, si toute méprise entre les deux ouvrages devient impossible à raison de leur différence dans le plan, la division et le format (Cass., 25 fév. 1820, Hacquart c. Virey).

La loi ne punit pas seulement l'édition et l'impression des ouvrages contrefaits ; elle en réprime encore le débit et l'introduction en France lorsque la publication est faite à l'étranger (art. 426 Code pénal).

136. *Poursuite*. — Le droit de poursuivre la contrefaçon d'une œuvre littéraire appartient soit à l'auteur ou à ses héritiers, soit aux cessionnaires de l'ouvrage.

Nous avons vu que le dépôt était nécessaire pour donner ouverture à la poursuite ; mais une fois effectué, il permet d'atteindre la contrefaçon qui se serait produite antérieurement à sa date[1].

Pour établir la preuve de la contrefaçon, le propriétaire de l'œuvre peut faire pratiquer une saisie par un officier de paix, c'est-à-dire par le juge de paix, ou le commissaire de police pour les ouvrages contrefaits en France, et par le préposé aux douanes pour les ouvrages venant de l'étranger. Mais cette procédure n'est point obligatoire, et la preuve du délit peut être faite par les moyens ordinaires, notam-

____

1. V. Pouillet, no 438.

ment par des témoignages produits à l'audience.

La partie lésée est libre de porter son action devant le tribunal correctionnel ou devant la juridiction civile. Elle peut aussi se joindre à l'action correctionnelle intentée directement par le parquet, lorsque ce dernier, en vertu d'un droit qui lui appartient, mais dont il use rarement, poursuit le contrefacteur de sa propre initiative et sans aucune plainte de la partie intéressée.

L'action correctionnelle se prescrit suivant le droit commun par trois ans, et, après ce délai, la demande ne peut plus être introduite même devant le tribunal civil.

137. Peines et réparations. — La loi punit la contrefaçon littéraire des peines suivantes : 1º d'une amende de cent francs au moins et de deux mille francs au plus pour le contrefacteur ou l'introducteur en France, et, pour le débitant, d'une amende de vingt-cinq francs au moins et de cinq cents francs au plus ; 2º la confiscation de l'édition contrefaite, ainsi que des planches, moules ou matières ayant servi à l'exécuter (art. 427, C. pén.). Les objets confisqués sont remis au propriétaire de l'œuvre (art. 429, C. pén.). La confiscation doit être prononcée alors même que le prévenu, à raison de sa bonne foi, serait renvoyé sans amende de la plainte dirigée contre lui.

Les peines qui précèdent ne peuvent être, bien entendu, prononcées que par la juridiction correctionnelle. Devant les tribunaux civils, la victime de la contrefaçon ne peut obtenir que la réparation du préjudice qui lui a été causé, c'est-à-dire des dommages-intérêts et la publicité du jugement qui condamne le contrefacteur.

138. Droits des étrangers. — Un décret du 28 mars 1852 accorde à l'auteur étranger la même protection qu'à l'auteur français, en le soumettant, comme ce dernier, à la formalité du dépôt. L'étranger qui a publié son œuvre au-delà de notre frontière peut donc en poursuivre chez nous la contrefaçon. Il en est de même, bien entendu, de l'auteur français qui aurait fait éditer son œuvre en pays étranger[1]. De nombreux traités diplomatiques ont mo-

---

1. V. POUILLET, nº 846.

difié, dans un sens le plus souvent restrictif, la situation légale faite en France aux auteurs étrangers par le décret de 1852[1].

1. POUILLET, n° 850.

LIVRE SIXIÈME

DE LA CONCURRENCE DÉLOYALE

CHAPITRE Ier.

Confusion entre les produits et les maisons concurrentes.

SOMMAIRE :

139. Définition. — Nous avons étudié les lois spéciales qui garantissent la propriété des remèdes et compositions pharmaceutiques, et nous avons vu que les infractions à ces lois constituent de véritables délits punis de peines correctionnelles. En dehors de ces faits de contrefaçon, il peut s'en produire d'autres qui, pour être moins graves, n'en sont pas moins de nature à porter une sérieuse atteinte au commerce de la pharmacie. Le législateur ne pouvait pas, on le conçoit, prévoir les formes multiples sous lesquelles la concurrence déloyale est susceptible de se produire ; aussi a-t-il dû se borner à poser une formule générale, qui se trouve écrite dans l'article 1382 du Code civil, ainsi conçu : « Tout fait quel- « conque de l'homme qui cause à autrui un « dommage, oblige celui par la faute duquel « il est arrivé, à le réparer. »

Un des moyens les plus fréquents de concurrence déloyale consiste à créer une confusion plus ou moins habile entre les produits de deux maisons rivales, ou bien entre les maisons elles-mêmes.

140. Confusion entre les produits. — Nous avons vu que les tribunaux refusaient quelquefois de voir une marque valable, susceptible d'être déposée, dans la forme ou la couleur soit d'un produit, soit de l'enveloppe qui le renferme. Il ne s'ensuit pas que cette forme et cette couleur puissent être imitées impunément ; car, si une pareille imitation ne constitue pas un délit réprimé par la loi de 1857, elle doit être considérée comme une concurrence déloyale donnant ouverture à une action en dommages-intérêts. Il faut pour cela, bien entendu, qu'il s'agisse d'une forme ou d'une couleur nouvelle, n'ayant jamais été tout au moins employée dans la pharmacie avant celui qui la revendique.

Ainsi, il a été jugé que, s'il est vrai que ni la couleur du papier, ni l'emploi de telle ou telle forme considérée isolément ne peut constituer une propriété commerciale proprement dite, leur réunion peut néanmoins faire l'objet d'une jouissance exclusive à laquelle d'autres commerçants ne peuvent porter atteinte volontairement, sans violer les règles de bonne foi qui doivent régner dans le commerce ; ce fait d'usurpation, lorsqu'il a lieu dans le but de se procurer un bénéfice illicite au préjudice d'un commerçant, tombe sous l'application de l'article 1382 du Code civil (Paris, 2 juin 1854, Menier c. Abraham, *Le Droit*, 6 juin) ; —

qu'il y a concurrence déloyale à composer l'enveloppe de ses produits, soit par la forme, soit par la couleur ou la dimension, de façon à établir une similitude aussi complète que possible avec les enveloppes d'un concurrent (Paris, 10 déc. 1856, Guillout c. Richard, PATAILLE, 57-123) ; — qu'il y a concurrence déloyale de la part d'un pharmacien à adopter, pour la vente d'un sirop, des bouteilles, cachets et modes de bouchage semblables à ceux adoptés par l'inventeur même du sirop, en vue d'établir une confusion entre les deux produits : la concurrence déloyale est encore aggravée par le fait d'envoyer des circulaires dans lesquelles ledit pharmacien annonce qu'il y a lieu de se défier de toute préparation ne portant pas sa signature, comme s'il était lui-même l'inventeur (Paris, 17 août 1855 : Lamoureux c. Ravault, LE HIR, 56-2-468).

141. Annonces et prospectus. — Nous savons que la loi de 1857 et celle de 1824 ne punissent la contrefaçon ou l'imitation frauduleuse de la marque et l'usurpation du nom commercial qu'autant que le nom et la marque sont apposés sur les produits ou leurs enveloppes.

Mais il peut se faire que la marque et le nom figurent sur des factures, dans des annonces ou des prospectus destinés à donner de la publicité au produit. Dans ce cas, il n'y a point de délit, mais il y a, comme nous avons eu déjà l'occasion de le dire, un acte de concurrence déloyale. Il en serait de même si, en s'abstenant de toute apposition frauduleuse, sous quelque forme que ce fût, un pharmacien vendait un remède ne portant aucun nom, mais qu'il désignerait verbalement sous le nom de l'inventeur ou sous une dénomination qui ne lui appartient pas.

142. *Droit de l'inventeur sur son secret de préparation.* — Si l'inventeur ou nouveau préparateur d'un remède n'a pas pris soin de s'en garantir la propriété, soit en y attachant son nom, soit en le distinguant par une marque, il reste complètement désarmé contre la concurrence. Son secret de préparation, s'il est connu, appartient à tout le monde et il ne peut en interdire l'usage.

Il a été jugé, dans ce sens, que la législation actuelle n'admettant aucun droit privatif en faveur des inventeurs de remèdes, et la concurrence étant permise à tous pharmaciens sous la seule condition d'éviter dans leurs annonces la confusion quant aux produits respectifs, le cessionnaire de l'inventeur d'un remède qui est tombé dans le domaine commun de la pharmacie ne peut se faire attribuer la propriété du secret et trouver là une cause d'action en concurrence (Cass., 14 août 1861, *Droit*, 15 août).

143. *Confusion entre deux maisons concurrentes; enseigne.* — L'enseigne est en quelque sorte, suivant l'expression de M. Pouillet, l'étiquette d'une maison de commerce; elle sert de signe de ralliement à sa clientèle et la distingue des maisons rivales : à ce titre elle mérite une protection que la loi ne garantit pas d'une manière expresse, mais que les tribunaux ont toujours sanctionnée. La plupart des pharmacies ont pour enseigne le nom de leur propriétaire ou celui de leur fondateur, ou bien les deux à la fois. Le concurrent qui, sans en avoir le droit, prendrait l'un de ces noms, commettrait une concurrence déloyale. S'il portait lui-même ce nom et si, par conséquent, il avait le droit d'en faire usage, il devrait néanmoins s'abstenir de toute confusion pouvant résulter soit de la forme, de la couleur et de la disposition des caractères, soit de l'ensemble général de l'enseigne.

Certaines pharmacies prennent pour enseigne une désignation qui constitue leur propriété, à la condition de n'être ni nécessaire, ni générique, suivant la règle que nous avons posée en matière de marques ; et en outre à la condition de n'avoir jamais été employée auparavant dans la pharmacie. L'usurpation de cette enseigne par un concurrent constitue une concurrence déloyale.

Il a été jugé, conformément à ces principes : qu'il y a concurrence déloyale de la part du pharmacien qui, exploitant une officine sous le nom de *Pharmacie rationnelle,* ajoute plus tard à ce nom les mots de *centrale de France (Pharmacie rationnelle centrale de France),* alors qu'un concurrent est déjà en possession de la dénomination *Pharmacie centrale de France* (Trib. comm. Seine, 24 juillet 1857 : Dorvault c. Hureaux, PATAILLE, 58-125) ; — qu'il y a concurrence déloyale à prendre une désignation telle que : *London dispensary,* déjà adoptée par un concurrent, comme aussi à s'annoncer comme étant *pharmacien de l'ambassade anglaise*, titre qui appartient à ce concurrent (Paris, 20 juin 1859 : Schorthose c. Hogg, *Le Droit*, n° 150).

Jugé que le mot *normale* ajouté comme qualificatif à une pharmacie, ne peut être revendiqué par cette pharmacie comme sa propriété particulière et exclusive, alors qu'il est justifié qu'un autre établissement portait antérieurement ce titre (Paris, 15 mai 1877 : Guettrot c. Gellée, *Gaz. des Trib.*, 26 juin).

144. *La propriété de l'enseigne est restreinte à l'industrie et à la localité.* — Comme celle de la marque, la propriété de l'enseigne est relative ; et de même qu'un commerçant peut apposer sur ses produits une marque employée dans une industrie entièrement différente de la sienne, de même il a le droit d'emprunter son enseigne à cette industrie qui, s'adressant à une tout autre clientèle, ne peut, en aucune façon, souffrir de cette similitude.

La propriété de l'enseigne est encore relative à un autre point de vue : en effet, à la différence de la marque, dont la protection s'étend sur toute la surface du territoire, l'enseigne ne confère qu'un droit restreint à la localité où se trouve établi son propriétaire. Un pharmacien de Marseille peut donc, sans s'exposer à aucune réclamation sérieuse, prendre une enseigne désignant la maison d'un confrère de Paris. Celui-ci, en effet, aurait véritablement mauvaise grâce à se plaindre d'un fait qui ne lui porte pas l'ombre d'un préjudice ; les deux pharmacies, éloignées l'une de l'autre, ne s'adressant pas à la même clientèle, aucune confusion, et, par suite, aucun dommage n'est possible.

Il faudrait, toutefois, établir une exception à cette règle pour les drogueries qui, faisant le commerce en gros des produits pharmaceutiques, peuvent avoir une clientèle disséminée sur toute la surface de la France. Si un droguiste d'une ville de province prenait l'enseigne d'une maison de Paris, il pourrait naturellement causer à cette dernière un grave préjudice, en faisant croire, par la similitude des enseignes, qu'il dirige une succursale, et en détournant ainsi à son profit la clientèle de son concurrent[1].

1. POUILLET, n° 705.

145. *L'enseigne est attachée au fonds de commerce.* — L'enseigne d'une pharmacie, comme de tout autre fonds de commerce, fait partie intégrante avec le fonds lui-même qu'elle désigne à la clientèle. Il en résulte que le pharmacien, en quittant la maison où il est installé comme locataire, pour établir ailleurs son officine, a le droit de transporter avec lui son enseigne. L'enseigne, en effet, n'est point incorporée à l'immeuble; par suite, elle n'appartient nullement au propriétaire, qui ne pourrait pas la retenir pour la céder à un autre pharmacien venant s'établir dans sa maison (Cass., 21 déc. 1853 : Gauthier c. Bouet, J. P., 54-2-349. — Paris, 3 juillet 1856 : Heudin c. Goy, PATAILLE, 56-253). Il en serait toutefois autrement si le propriétaire avait loué au pharmacien sa maison avec l'enseigne qu'il aurait acquise d'un précédent locataire exerçant la même profession. Dans ce cas, il est bien évident que le pharmacien, en quittant l'immeuble, ne pourrait pas emporter l'enseigne, qui ne lui appartiendrait à aucun titre.

De ce que l'enseigne, en règle générale, se confond avec le fonds de commerce, il faut tirer cette autre conséquence que la vente d'une pharmacie comprend l'enseigne elle-même. Sans doute les parties pourraient en décider autrement, mais l'acquéreur, on le conçoit, ne souscrira pas facilement à une clause qui, le privant de l'enseigne, lui enlèverait nécessairement une partie de la clientèle et le laisserait à la merci d'une concurrence redoutable qui ne manquerait pas de s'établir à la faveur de l'enseigne détachée de la pharmacie dont il a fait l'acquisition.

146. Usurpation de l'enseigne. — L'usurpation de l'enseigne donne ouverture à une action en dommages-intérêts et en suppression. Devant quel tribunal cette action doit-elle être portée? Quand il s'agit simplement de faire punir et cesser l'usurpation, nous pensons que la juridiction commerciale est compétente pour connaître d'un acte qui se rattache à la concurrence déloyale. Que si, au contraire, le débat soulève une question de propriété de l'enseigne, par exemple, de priorité dans sa possession, le tribunal civil nous paraît seul compétent pour trancher la difficulté.

Au lieu d'être intégrale, l'usurpation peut

n'être que partielle et porter seulement sur
certaines parties de l'enseigne ; elle n'en tombera pas moins sous la sanction des tribunaux
si l'élément usurpé est assez important et assez
caractéristique pour faire naître une confusion
entre les deux maisons concurrentes. Il peut
arriver aussi que l'enseigne, quand par exemple
elle consiste dans une dénomination, soit simplement modifiée par voie de retranchement
ou d'addition. Cette imitation devra être répri-
mée si elle est suffisante pour rendre la confusion possible entre les deux enseignes : c'est
là, d'ailleurs, la règle que les tribunaux devront
toujours suivre, s'attachant à rechercher, dans
chaque espèce qui leur est soumise, si l'imitation est de nature à faire confondre les maisons de commerce et à induire en erreur leurs
clientèles respectives.

Il a été jugé, suivant ces principes, qu'il y a
confusion possible entre deux enseignes dont
l'une est : *Au Mortier d'or* et l'autre : *Au
Mortier d'or et de bronze* (Paris, 27 avril 1833 :
Descamps c. Lamouroux, *Gaz. Trib.*, 28 avril);
qu'il y a usurpation d'enseigne dans le fait de
prendre celle de *Chocolats de la Compagnie
des colonies* quand un concurrent est en pos-

session de l'enseigne : *Chocolats de la Compagnie coloniale* (Trib. com. Seine, 30 janvier 1852 : Vinit c. Coquelin, *Le Droit*, 1er févr.).

Les tribunaux peuvent ordonner la suppression pure et simple de l'enseigne usurpée ou frauduleusement imitée ; mais ils peuvent aussi, suivant les circonstances, se borner à prescrire des modifications qui leur paraissent suffisantes pour prévenir toute confusion.

CHAPITRE II.

Emploi du titre d'ancien élève.

147. *Un pharmacien peut-il se dire ancien élève d'un confrère?* — Un pharmacien ne peut pas faire figurer sur son enseigne ou dans ses prospectus le nom d'un de ses concurrents : si ce fait ne tombe pas sous l'application de la loi de 1824, qui se borne à punir l'apposition du nom sur les produits, nous avons vu qu'il constitue la plus grave des concurrences déloyales. Mais cette prohibition est-elle absolue, et le pharmacien n'a-t-il pas le droit de s'intituler « *ancien élève* » d'un autre pharmacien dont il n'est pas le successeur, mais chez lequel il a travaillé pendant un temps plus ou moins long? La question est délicate. Quand il s'agit de simples ouvriers ou employés de commerce, la jurisprudence est unanime pour décider qu'ils ne peuvent pas, en s'établissant, se recommander du nom de leur patron[1]. Mais telle n'est pas la situation des jeunes gens qui, se destinant à la pharmacie, sont obligés de faire un stage dans une officine pour compléter leurs études théoriques. Ce ne sont pas des employés, mais plutôt des élèves, et d'ailleurs l'usage sanctionne la distinction en leur donnant cette qualité. Or, pour les élèves, la question qui nous occupe est vivement controversée. D'un côté, on fait valoir qu'il est impossible d'interdire à un industriel quelconque d'annoncer sa qualité d'ancien élève, ce qui serait lui défendre de déclarer la vérité ; on ajoute qu'une semblable prohibition le dépouillerait d'un avantage sérieux sur lequel il a compté en faisant son apprentissage et son éducation industrielle

1. Trib. comm. Seine, 23 janvier 1857 : Mayer et Pierson c. Herlisch et Wust, Le Hir, 58-2-291. — *Id.*, 10 mars 1869 : Pinaud et Amour c. de Henne, Pataille, 69-122.

chez un patron renommé auquel il a donné son travail et quelquefois son argent.

On répond d'autre part que l'emploi de la qualité « d'ancien élève » porte atteinte à la propriété du nom dont nul n'a le droit de se servir sans le consentement du propriétaire. Or, celui-ci a un double intérêt à empêcher ses anciens élèves de se prévaloir de son nom : d'abord il peut lui être pénible, et même même préjudiciable de voir des élèves inintelligents compromettre la bonne réputation du maître ; ensuite il est à craindre que la clientèle n'abandonne le patron et surtout son successeur pour aller à l'ancien élève, qui peu à peu sera considéré comme le véritable représentant de la maison. C'est ce que M. Huard expose dans les meilleurs termes : « Après « une longue carrière, dit-il, parcourue avec « éclat, un fabricant aurait eu un grand « nombre d'ouvriers qui, chacun en détail, le « dépouilleraient d'une partie de sa clientèle. « Que pourrait-il léguer à un successeur ? un « établissement amoindri par ces usurpations « et, en tout cas, condamné nécessairement à « se confondre avec tous ceux qui portent le « nom du maître sur leur enseigne. Et, du

« reste, si on examinait de plus près ce titre
« d'ouvrier ou d'élève, que prouverait-il? Rien,
« absolument rien. On n'est pas un commer-
« çant de mérite parce qu'on a eu un patron
« remarquable. Tel mécanicien habile a des
« apprentis fort maladroits; tel négociant d'une
« probité à toute épreuve a des employés
« infidèles. Ces titres d'apprentis, d'ouvriers,
« d'élèves n'ont donc aucune signification sé-
« rieuse, et leur emploi, si dangereux dans
« des mains déloyales, doit être sévèrement
« interdit[1]. »

Nous nous rangeons sans réserve à cette opinion, au moins en ce qui concerne la pharmacie. On comprend que le doute soit possible quand il s'agit de certaines industries dans lesquelles le patron reçoit des apprentis ou élèves qui le paient soit en argent, soit en travail gratuit, pour être initiés aux procédés et aux secrets de sa fabrication. On peut prétendre alors que les élèves ont acheté le droit de se prévaloir plus tard de ce titre. Mais la situa-

1. *Journal de la Propriété industrielle*, n° 169 ; — V. BLANC, p. 715; GASTAMBIDE, p. 469 ; POUILLET, n°s 533 et suiv. — *Contra* BÉDARRIDE, n° 535.

tion, ici, est toute différente. L'élève en pharmacie reçoit presque toujours le salaire de son
travail, soit en argent, soit en nourriture, et
le plus souvent de l'une et l'autre manière ;
d'autre part, si le choix de son patron ne lui
est pas indifférent, ce sont bien moins les
procédés en usage dans telle ou telle officine
que la connaissance de la pharmacie en général qu'il recherche et qu'il veut acquérir.
L'indication de sa qualité d' « ancien élève »
ne pourrait donc sérieusement s'expliquer que
par le désir de faire une concurrence déloyale
à son patron, concurrence qui deviendrait encore plus grave après la vente de la pharmacie.
L'acquéreur, en effet, comme nous le verrons
plus tard, aurait bien le droit d'indiquer sur
son enseigne et ses prospectus sa qualité de
successeur ; mais si l'ancien élève pouvait, de
son côté, faire mention de son titre et par
conséquent rappeler lui aussi le nom de l'ancien titulaire de la pharmacie, il détournerait
facilement à son profit la clientèle cédée au
successeur. Aussi, lui refusons-nous d'une
manière absolue le droit de faire connaître
publiquement sa qualité d'ancien élève, alors
même qu'il prendrait soin d'indiquer sur son

enseigne le nom de son patron en caractères moins grands que ceux employés pour son propre nom. Malgré cette précaution, en effet, certains clients de l'ancienne pharmacie pourraient venir chez lui, croyant s'adresser au véritable successeur; d'autres pourraient abandonner le successeur de propos délibéré, s'imaginant que l'ancien élève a, pendant son stage, acquis des connaissances et peut-être des secrets de préparation qui lui assurent une supériorité sur son concurrent. Ce danger serait encore plus grave si, comme il en a incontestablement le droit, l'ancien élève venait s'installer à proximité de la pharmacie dans laquelle il a fait son apprentissage.

Par les mêmes raisons, nous estimons qu'un pharmacien n'a pas le droit de prendre sans autorisation le titre de *gendre, neveu, cousin,* etc., d'un autre pharmacien; il causerait ainsi un préjudice à son parent qui exerce encore, ou bien à son successeur, et les tribunaux ne sauraient admettre l'usage d'un titre qui, bien plus que celui d'ancien élève, trahit une pensée de concurrence déloyale.

148. La prohibition s'applique-t-elle au

médecin ? — Un médecin peut-il se prévaloir du nom d'un confrère connu dont il a suivi les leçons et la clinique, et dont il a pu être le collaborateur ? A-t-il le droit de se dire son *élève,* son *ancien chef de clinique,* ou de prendre tout autre titre de nature à faire connaître qu'il a étudié ou même exercé sous la direction de cette célébrité médicale ? Sans doute le médecin n'a point d'officine ni d'enseigne, mais il peut chercher à conquérir une notoriété soit par des monographies, soit par des annonces dans les journaux ou sur les murs, et la question qui nous occupe se présente à l'occasion de ces ouvrages et de ces réclames. Mettons tout d'abord de côté une hypothèse dans laquelle le doute n'est pas possible. Un médecin n'aurait assurément pas le droit d'accoler à son nom celui d'un professeur dont il a suivi les cours à l'École de médecine et de se dire son ancien élève. L'étudiant qui, sur les bancs de l'école, s'est initié aux connaissances de la médecine, a pu suivre avec fruit les leçons théoriques du professeur, mais il n'a rien emporté de l'expérience et de la science pratique du maître éminent dont il n'a pas le droit de se recommander, lorsqu'il exerce à son tour ; car il n'a pas été son élève dans le sens qu'il voudrait attacher à ce titre. Autrement on pourrait voir, sur tous les points de la France, des élèves plus ou moins adroits qui risqueraient de compromettre singulièrement la réputation du maître.

Pour compléter ses études de médecine, l'étudiant fréquente les hôpitaux, où il assiste à la visite du médecin en chef dont il reçoit des conseils et sous la direction duquel il peut lui-même donner des soins aux malades. Pourra-t-il plus tard, une fois établi, se présenter à sa clientèle comme ancien élève de ce médecin d'hôpital, prendre cette qualité dans une monographie, dans une annonce, sur ses cartes de visite ? Nous ne le pensons pas. Sans doute ici l'étudiant reçoit des leçons pratiques du maître ; mais il est attaché bien moins à la personne du médecin en chef qu'à l'hôpital lui-même ; d'autre part, le maître n'est pas toujours libre de choisir ses élèves, auxquels il serait quelquefois imprudent de permettre l'usage plus ou moins consciencieux de son nom. D'ailleurs, de même qu'à l'École de médecine l'étudiant est avant tout l'élève de l'Université, de même à l'hôpital il est en quelque sorte le disciple de l'Assistance publique ; il reçoit donc de part et d'autre un enseignement impersonnel qui ne nous paraît pas compatible avec le droit d'emprunter le patronage de tel ou tel médecin célèbre dont l'administration lui a procuré les leçons et les conseils. Il est bien entendu que le médecin pourra se prévaloir de sa qualité d'ancien *externe* ou *interne des hôpitaux,* d'ancien *chef de clinique,* d'ancien *médecin des hôpitaux :* ce sont là des titres officiels, acquis dans des concours, qui constituent pour le médecin la meilleure des réclames ou plutôt la plus légitime des recommandations.

Une hypothèse reste à examiner : supposons qu'un médecin, un spécialiste par exemple, attache à son cabinet ou à sa clinique un jeune confrère qui l'assiste dans ses opérations et même le remplace pendant ses absences. Ce dernier, quittant son maître pour s'établir, pourra-t-il prendre le titre d'ancien élève ou d'ancien chef de clinique ? Nous avons refusé ce droit à l'élève du pharmacien, mais les raisons qui nous ont déterminé alors ne peuvent trouver ici leur application. La clientèle d'un médecin ne se cède pas comme un fonds de commerce, ou du moins la jurisprudence ne reconnaît pas la légitimité d'une semblable cession ; dès lors la qualité d'ancien élève ne peut légalement porter aucun préjudice à un successeur qui, en droit, sinon en fait, n'existe pas. En outre, la clientèle d'un médecin, reposant sur la confiance dans son savoir et son habileté, est nécessairement toute personnelle ; il en résulte que la qualité dont se prévaut son ancien disciple ne saurait sérieusement lui porter ombrage. Nous admettons par conséquent que l'élève peut mentionner son titre à la suite de son nom, soit dans un ouvrage de médecine dont il est l'auteur, soit sur des cartes de visites. Le pourrait-il également dans des annonces ? Nous n'irons pas jusque là, car il peut répugner à un médecin de voir son nom mêlé à des réclames plus ou moins discrètes qu'il paraîtrait autoriser ou même encourager, et dont on ne saurait lui imposer la responsabilité et quelquefois le ridicule.

CHAPITRE III.

Mention de fausses qualités, de récompenses non obtenues, etc., etc.

149. Titre d'inventeur. — Nous avons vu
que l'inventeur d'un remède ne peut se faire
valablement breveter ; mais il peut incontestablement se prévaloir de son titre d'inventeur,
le mentionner sur le remède lui-même, sur une
enseigne, dans des prospectus ou des annonces.
Il a aussi le droit d'empêcher toute autre personne, pharmacien ou médecin, de prendre ce
titre qui n'appartient qu'à lui seul. L'usurpation d'une pareille qualité constituerait une

concurrence déloyale dont le véritable inventeur ou premier préparateur pourrait se plaindre et obtenir réparation.

150. Qualité de fournisseur. — Il faudrait également voir une concurrence déloyale dans le fait, par un pharmacien, de se dire faussement le fournisseur attitré ou breveté d'une administration ou de quelque grand personnage. Ses concurrents seraient fondés à lui faire interdire l'emploi d'une qualité qui, pouvant le recommander au public à leur détriment, est par là même de nature à leur porter préjudice.

Il a été jugé dans ce sens qu'il y a concurrence déloyale de la part du pharmacien qui prend le titre de *Pharmacie de l'ambassade anglaise,* alors que ce titre ne lui appartient plus ; il arguerait vainement de ce qu'il a mis le mot *ancien* lorsqu'il est constant que ce mot est écrit en lettres imperceptibles et laisse, par suite, l'attention se concentrer sur le reste de l'inscription ; le droit de se plaindre d'un pareil fait appartient d'ailleurs à celui qui est réellement en possession de ce titre (Trib. civ. Seine, 7 janv. 1841 : O'Grady c. Dalibon,

Le Droit, p. 27) ; — qu'il y a concurrence déloyale à prendre sans droit le titre de *dentiste des collèges de Paris,* et que celui à qui ce titre appartient peut en réclamer la suppression (Trib. civ. Seine, 18 mars 1846 : Delmont c. Laisnié, *Gaz. Trib.,* 19 mars).

151. Titre de dépositaire. — Un pharmacien, sans être l'inventeur d'un remède, d'une spécialité, peut en avoir le dépôt dans son officine : il a dès lors le droit de prendre le titre de *dépositaire* et de l'interdire à ses concurrents. Ce droit lui appartiendrait alors même qu'il n'aurait pas le monopole exclusif de la vente et que le remède se trouverait chez d'autres pharmaciens. Ces derniers, en effet, ne sont que de simples débitants ; celui-là seul peut se dire dépositaire qui est lié d'une façon directe avec l'inventeur ou le fabricant du remède, dont il est le représentant autorisé[1]. Si un autre pharmacien prenait cette qualité, il pourrait se la voir interdire sur la réclamation soit du dépositaire, soit du déposant lui-même.

1. Pouillet, n⁰ 518.

152. Usurpation de grade. — Un pharmacien ne peut, bien entendu, se dire d'une classe supérieure à celle à laquelle il appartient réellement. L'usurpation de grade l'exposerait aux poursuites du parquet, et ses concurrents auraient le droit d'intenter contre lui une action directe tant pour lui faire interdire une qualification mensongère que pour obtenir des dommages-intérêts. L'action, dans ce cas, appartiendrait à tous les pharmaciens de la localité, qui auraient le droit d'agir soit ensemble, soit isolément.

Les pharmaciens de première classe peuvent seuls exercer à Paris. Qu'arriverait-il si, par erreur, l'administration autorisait un pharmacien de deuxième classe à s'installer dans cette ville? Assurément ce dernier ne pourrait être poursuivi à la requête du parquet, car, au point de vue pénal, il serait couvert par l'autorisation administrative; mais ses concurrents seraient fondés à se plaindre d'un fait qui leur porte préjudice en violant leurs droits acquis[1]. Il a été jugé, en ce sens, que le fait que l'administration ait autorisé l'ouverture d'un éta-

1. POUILLET, n° 522.

blissement, tel qu'une pharmacie, n'empêche pas que les tribunaux n'en ordonnent la fermeture, s'il constitue une concurrence déloyale : spécialement, encore qu'un arrêté du ministre de l'instruction publique ait autorisé les pharmaciens de deuxième classe à exercer à Paris, les pharmaciens de première classe sont recevables à soutenir, sauf à le prouver, que le droit d'exercer à Paris n'appartient qu'à eux seuls (Trib. civ. Seine, 26 déc. 1868 : Aff. Noblet, TEULET, 18-146)[1].

Ce que nous venons de dire pour le grade s'applique également à la qualité *d'ex-interne des hôpitaux*. L'usurpation de ce titre ne con-

---

1. Cette preuve doit être faite et l'action intentée devant les tribunaux civils. Ainsi, il a été jugé que les pharmaciens des départements où sont établies des écoles supérieures de pharmacie ne sont pas recevables à attaquer devant le Conseil d'État, pour excès de pouvoirs, la décision par laquelle le ministre a autorisé lesdites écoles à recevoir des pharmaciens de seconde classe pour ces départements. C'est à l'autorité judiciaire que les réclamants doivent s'adresser pour faire reconnaître le privilège qu'ils prétendraient avoir à l'égard des pharmaciens de deuxième classe, et pour obtenir la réparation des dommages résultant des atteintes portées à ce privilège (Cons. d'État, 10 juillet 1869 (Heydenreich).

stituerait pas sans doute un délit, mais elle devrait être considérée comme un acte de concurrence déloyale dont pourraient se plaindre les pharmaciens qui portent régulièrement le titre et même ceux qui n'y ont pas droit.

Un médecin s'exposerait aux mêmes poursuites s'il prenait faussement la qualité d'*ex-interne des hôpitaux*, et surtout celle de *docteur*, alors qu'il n'est qu'*officier de santé*.

153. *Usurpation de médailles ou récompenses.* — Un médecin et un pharmacien ont le droit de mentionner les prix et les récompenses qu'ils ont obtenus pendant le cours de leurs études et de se dire *lauréats des Facultés de médecine* ou *de pharmacie*. Ils peuvent également se prévaloir des médailles ou récompenses qui ont pu leur être décernées par les jurys des expositions ou par le gouvernement. Ce sont là des distinctions honorifiques essentiellement personnelles dont l'usurpation par un concurrent ouvrirait une action en concurrence déloyale, non-seulement au profit de ceux qui en ont été l'objet, mais encore au profit de tous autres pharmaciens ou médecins qui, sans avoir eux-mêmes le droit de les mentionner, peuvent, néanmoins, avoir intérêt à en empêcher l'abus.

Par cela même qu'elles sont personnelles, ces distinctions ne peuvent pas être transmises à des tiers et faire l'objet d'un trafic qui serait immoral. Comme elles sont en effet destinées à récompenser et à faire connaître le mérite de celui qui les obtient, leur titulaire a seul le droit de s'en prévaloir et de s'en recommander auprès de sa clientèle. Peuvent-elles être transmises par un pharmacien à son successeur? S'il s'agit des titres d'*ex-interne des hôpitaux* ou bien de *lauréat de la Faculté*, il est bien évident que le successeur ne saurait légalement se parer de distinctions qui, par leur nature, sont essentiellement attachées à la personne. Mais nous pensons qu'il pourrait, avec l'autorisation de son prédécesseur, mentionner sur son enseigne, ses annonces ou prospectus, des médailles décernées dans des expositions. « Ces récompenses, comme dit très justement « M. Pouillet, s'adressent en effet à la maison « de commerce presque autant qu'au chef qui « la dirige »[1].

---

1. Pouillet, n° 530.

Il en serait, bien entendu, autrement pour les médecins qui, ne pouvant légalement céder leurs clientèles, n'ont pas de successeurs auxquels leurs récompenses ou médailles soient transmissibles.

154. Approbation de l'Académie de médecine. — Nous savons que l'inventeur d'un remède nouveau ne peut pas le faire breveter ; il n'a même pas le droit de le vendre, car, n'étant pas inscrit au Codex, le médicament constitue un remède secret. Toutefois, cette prohibition peut être levée par l'approbation de l'Académie de médecine, qui, reconnaissant l'utilité du remède, en autorise la vente. Tous les pharmaciens ont dès lors le droit de préparer et de mettre dans le commerce le nouveau médicament. Mais, leur est-il permis de rappeler l'approbation de l'Académie de médecine ? Ou bien ce droit n'appartient-il qu'à l'inventeur ou premier préparateur qui a obtenu l'approbation ? Nous nous rangeons à cette dernière opinion avec M. Pouillet, qui la défend dans les meilleurs termes : « L'effet de l'ap-« probation du corps savant, dit-il, est de « permettre à tout pharmacien de fabriquer

« le médicament approuvé ; chacun d'eux peut
« donc le fabriquer librement sans craindre
« aucune poursuite ; quant à l'approbation en
« elle-même, elle est personnelle au premier
« préparateur qui a présenté le meilleur mé-
« dicament à l'Académie et dont la formule
« a été approuvée. Sans cela, que resterait-il
« au premier préparateur ? L'invention d'un
« médicament ne peut être protégée par un
« brevet, et notre loi, dans l'intérêt de la santé
« publique, refuse tout privilège en cette ma-
« tière. L'inventeur n'a d'autre ressource que
« de présenter sa découverte à l'Académie de
« médecine et d'obtenir son approbation. Il est
« donc bien juste qu'elle lui reste. C'est le
« moins que l'on puisse faire.

« Il a été jugé — et l'espèce a de l'analogie —
« que le fait par un pharmacien, en préparant,
« suivant son droit, un produit médicamenteux
« spécial, de copier les extraits des avis favo-
« rables que le premier préparateur de ce pro-
« duit a personnellement obtenus, constitue un
« fait de concurrence déloyale (Paris, 4 mars
« 1859 : Fournier c. Cléret, LE HIR, 652-285)[1]. »

1. POUILLET, nº 531.

Si l'inventeur du remède se prévalait d'une approbation de l'Académie qu'il n'a réellement point obtenue, cette allégation mensongère ne pourrait être considérée comme un délit et conduire son auteur devant le tribunal correctionnel[1]. Mais elle constituerait une concurrence déloyale dont auraient droit de se plaindre les pharmaciens qui vendent un remède analogue. Ce que nous disons de l'approbation de l'Académie s'appliquerait aux avis favorables accordés par toute autre Société savante, notamment par une Faculté étrangère.

Ainsi, il a été jugé qu'il y a concurrence déloyale dans le fait d'annoncer faussement qu'un rapport de la Faculté de Berlin avait constaté la supériorité d'un biberon *[le Biberon Robert]* et que défense avait été faite aux établissements publics de mettre en usage d'autres systèmes de biberons (Trib. civ. Seine, 8 février 1877 : Goguey c. Robert, *Gaz. Trib.*, 15 fév.).

---

1. La loi du 29 juillet 1881 (art. 19) abrogeant en partie le décret du 17 février 1852 ne punit plus la publication de fausses nouvelles qu'autant qu'elle est de nature à troubler la paix publique.

155. Exercice illégal de la pharmacie et de la médecine. — Nous venons de supposer qu'un médecin ou un pharmacien se parait sans droit de grades, titres, distinctions honorifiques ne lui appartenant pas, et nous avons vu qu'il se rendait ainsi coupable quelquefois d'un délit et, dans tous les cas, d'une concurrence déloyale. Il nous reste maintenant à examiner l'hypothèse d'un individu qui, n'étant pas médecin ou pharmacien, exerce illégalement la médecine ou la pharmacie. Ainsi, par exemple, c'est un empiriste qui, comme il s'en trouve parfois dans les campagnes, soigne les malades avec des remèdes étrangers au Codex et inconnus à l'Académie de médecine ; ou bien c'est un pharmacien qui donne des consultations à ses clients ; ou bien encore un officier de santé qui, usurpant les privilèges du docteur, fait certaines opérations qui lui sont interdites et exerce en dehors du département où il a reçu sa commission, etc. Tous ces faits constituent des délits qui peuvent être poursuivis à la requête du parquet et punis de peines correctionnelles ; mais, en dehors de l'intérêt général et de la santé publique qu'ils compromettent, ils causent aussi un dommage aux véritables docteurs dont la clientèle est détournée. Ceux-ci ont donc le droit de se joindre à l'action publique pour demander des dommages-intérêts, ou même d'agir isolément et de leur propre initiative si le parquet ne se montre pas assez diligent à leur gré.

Les pharmaciens ont les mêmes droits vis-à-vis des personnes qui exercent illégalement la pharmacie. Ainsi, un individu qui n'a point le diplôme nécessaire ouvre ou bien achète une officine ; un officier de santé ou un docteur vend des remèdes dans une localité où il existe une officine de pharmacie ouverte[1] ; un épicier ou droguiste vend des compositions ou préparations pharmaceutiques[2] ; un charlatan débite au poids médicinal des drogues ou substances médicamenteuses[3], etc., etc. ; outre leur caractère délictueux, ces faits constituent une concurrence déloyale dont tout pharmacien intéressé a le droit de se plaindre et de demander la répression. Il peut, à cet effet, exercer lui-même une poursuite correctionnelle

1. Loi du 21 germinal an XI, art. 27.
2. *Id.*, art. 33.
3. *Id.*, art. 36.

(Bordeaux, 21 nov. 1856, et Cass. 6 fév. 1857 (Pharmacie d'Angoulême), J. P., 52-214 ; — Cass., 26 août 1865 (Burin), J. P., 66-1108 ; — BRIANT ET CHAUDÉ, *Manuel de Médecine légale*, p. 859). Le tribunal lui accordera, à titre de réparation, des dommages-intérêts, et pourra même ordonner la fermeture de l'officine illégalement ouverte ; cette dernière mesure n'est pas une peine proprement dite que le ministère public aurait seul le droit de requérir (Nancy, 5 mai 1868 (Deiss), J. P., 68-836). Ayant la faculté d'agir correctionnellement, le pharmacien peut, à plus forte raison, se porter partie civile incidemment à l'action du ministère public. Il peut même, suivant les principes du droit commun, s'adresser directement à la juridiction civile pour obtenir la réparation du préjudice causé par le délit.

L'action, sous quelque forme qu'elle se produise, appartient à tous les pharmaciens lésés, qui peuvent l'exercer ensemble ou isolément.

Il a été jugé que l'intervention d'une partie seulement des pharmaciens lésés ne peut pas être déclarée non recevable sous le prétexte qu'elle n'est pas formée au nom de tous (Cass., 15 juin 1833 : Baget c. Bezenweigh) ; — que le pharmacien qui, après être intervenu en son nom personnel, a pris la qualité de membre de la Commission pharmaceutique de sa résidence, ne peut pas être réputé avoir, par cette qualification, dénaturé son action en telle sorte qu'elle soit déclarée non recevable, comme exercée au nom d'une corporation qui n'est pas reconnue par la loi (même arrêt)[1].

Les tribunaux ont eu maintes fois l'occasion d'accorder à des pharmaciens des dommages-intérêts contre des personnes exerçant illégalement la pharmacie. Un arrêt de la Cour de Paris, du 19 fév. 1842, a même décidé « que « le préjudice ne doit pas être apprécié seu- « lement à raison de contraventions dont il « a été possible d'acquérir la preuve, mais « aussi d'après l'ensemble des circonstances « qui établissent la continuité et la gravité des « mêmes contraventions[2]. »

Ajoutons que la simple annonce d'un remède secret, bien qu'il ne soit pas établi qu'il ait

---

1. L'action aurait été, bien entendu, repoussée, si elle avait été introduite originairement au nom d'une Commission n'ayant aucune existence légale.

2. V. BRIANT ET CHAUDÉ, p. 860.

été débité, peut entraîner une condamnation
à des dommages-intérêts envers les pharmaciens lésés (Cass., 17 déc. 1837, J. P., t. Ier,
p. 282, Gireaudeau).

CHAPITRE IV.

Dénigrement des Concurrents.

———

156. Il est interdit de dénigrer ses concur-rents. — Un pharmacien, pour attirer à lui la clientèle, peut recourir à la réclame la plus étendue, vanter ses produits et le soin qu'il apporte à ses préparations. S'il va trop loin dans cette voie, il n'est justiciable que de l'opinion publique, qui pourra juger sévère-ment et tourner en ridicule cette apologie indiscrète. Mais, ici comme partout, la liberté a pour limite le droit d'autrui ; or ce droit serait violé si, non content de chanter ses louanges, un pharmacien se permettait de dénigrer ses collègues, de présenter leurs produits comme inférieurs, leurs préparations comme défectueuses. Alors même qu'elles seraient conformes à la plus exacte vérité, de pareilles allégations constitueraient une concurrence déloyale donnant ouverture à une action en dommages-intérêts.

Pour qu'un pharmacien soit fondé à se plaindre de ces manœuvres, il n'est pas nécessaire qu'il soit expressément nommé par son concurrent, il suffit qu'il soit désigné d'une manière assez claire pour être reconnu (Trib. com. Seine, 25 juillet 1867 : Dumont c. Fouquet, TEULET, 17-20). Mais si le dénigrement conçu en termes généraux s'adressait à toute la pharmacie sans distinction de personne ou de localité, nul ne pourrait se dire sérieusement lésé et par suite ne serait en droit de se plaindre (Paris, 31 janv. 1865 : Piaut c. Brevet, PATAILLE, 65-139). Il en serait autrement si un pharmacien dénigrait tous ses collègues d'une même rue ou d'une même localité : ceux-ci seraient, on le conçoit, directement atteints et pourraient demander des dommages-intérêts.

Ce que nous disons des pharmaciens s'applique également aux médecins, qui sont en droit de se défendre contre des réclames dans lesquelles un confrère peu scrupuleux mettrait en cause leur personnalité et tenterait de les déconsidérer aux yeux de leur clientèle. Si les allégations ou les insinuations dirigées contre eux prenaient un corps et visaient des faits déterminés de nature à porter une atteinte à leur honneur ou à leur considération, elles ne constitueraient plus seulement une concurrence déloyale, mais une diffamation passible de peines correctionnelles.

157. Dénigrement des produits. — Au lieu de s'adresser à la maison du pharmacien ou à la personne du médecin, le dénigrement peut être dirigé contre un remède dont l'un ou l'autre est l'inventeur. Supposons, par exemple, qu'un pharmacien ou un médecin, propriétaire d'un médicament analogue, critique, en termes vifs et malveillants, le remède rival et cherche ainsi à entraver son succès, il faudra voir là un acte de concurrence déloyale.

Ainsi, le tribunal de commerce de la Seine

a condamné avec raison une réclame conçue dans les termes suivants : « Les personnes qui « font usage de l'*Eau de goudron* préparée « au moyen de ces liqueurs concentrées à « bases de soude ou de potasse que l'on « trouve partout ne savent pas qu'elles em- « ploient une préparation qui n'a de l'eau de « goudron que le nom ; nuisibles et sans « effet, condamnées par le corps médical, ces « liqueurs doivent être complètement rejetées. « Le goudron Freyssinge ne contient que les « principes de l'eau de goudron ; il est spé- « cialement recommandé par les médecins. » Le tribunal a décidé que cette réclame faisait une allusion directe aux produits d'un concurrent (Torchon, cessionnaire du goudron Guyot) et qu'elle outrepassait les droits et les limites d'une concurrence loyale (Trib. com. 18 juin 1874, *Gaz. Trib.*, 5 juillet).

Mais, à peine avons-nous besoin de le dire, le médecin conserve son droit d'appréciation sur le remède et il est parfaitement libre de faire connaître son opinion à un client dans son cabinet.

Il a été jugé, dans ce sens, que la critique d'un remède, même faite en termes inconvenants par un médecin devant un client, dans son cabinet, n'entraîne contre lui aucune responsabilité à l'égard de l'inventeur du remède, si d'ailleurs ces propos n'ont pas été inspirés par une intention méchante et dans la pensée de nuire à ce dernier (Bordeaux, 25 février 1873, Dutaud c. Chapel, DALL., 73-5-407).

De même le médecin écrivant un ouvrage technique, et recherchant les moyens de guérir une maladie, a parfaitement le droit de préférer tel remède à tel autre et d'indiquer les raisons qui, suivant lui, établissent sa supériorité. Il peut être ainsi amené à critiquer un médicament en termes plus ou moins sévères ; mais lui contester ce droit, ce serait porter atteinte à son libre arbitre et condamner tous les progrès de la science. On ne doit donc considérer comme concurrence déloyale que le dénigrement colporté par la voie des annonces, des prospectus ou circulaires et dicté par l'intention de nuire à l'inventeur ou premier préparateur du remède.

157 bis. *Dénigrement indirect.* — Il peut arriver que la réclame constitue une concurrence déloyale en l'absence de tout dénigrement, de toute critique malveillante. Ainsi, par exemple, l'inventeur d'un remède nouveau vante ses qualités sur tous les tons et escompte la crédulité publique en le présentant comme une panacée universelle. A moins qu'il ne précise des faits inexacts, des cures imaginaires, personne ne peut se dire véritablement lésé et personne n'a le droit de se plaindre. Mais il va plus loin : il affirme et il garantit que son remède est le seul capable de guérir certaines maladies. Nous pensons qu'il dépasse alors les limites de la réclame permise. En effet, bien qu'aucun nom ne soit prononcé, il est bien évident qu'une pareille réclame vise les autres remèdes analogues dont les vertus sont indirectement contestées et dont par suite le débit peut être entravé. Les propriétaires de ces médicaments sont donc fondés à se plaindre d'une manœuvre quelquefois plus dangereuse pour eux qu'une critique directe et un dénigrement brutal.

168. *Annonce d'un monopole mensonger.* — Un pharmacien ne pourrait pas se dire *seul* préparateur ou *seul* débitant d'un remède que tous ses collègues ont le droit de préparer et de vendre. Il faudrait voir une véritable concurrence déloyale dans l'annonce mensongère d'un monopole qui ne peut pas exister dans la pharmacie. Mais il est bien évident que l'inventeur d'un remède ou ses ayant-droit sont parfaitement fondés à dire qu'eux seuls le vendent sous le nom imaginaire ou patronymique adopté par le premier préparateur. Si, en effet, les médicaments ne sont pas susceptibles de privilèges, il en est autrement du nom et de la marque, qui constituent des droits privatifs dont l'annonce est légitime.

Jugé, dans ce sens, que la Société veuve Boyer, Renouard et Cie ne peut se dire séul fabricant de l'*Eau de Mélisse des Carmes* sans y ajouter les mots : *de la rue de Vaugirard* (C. Paris, 7 juin 1878).

159. Vente au rabais. — Les pharmaciens sont libres de fixer comme ils l'entendent le prix de leurs remèdes ; ils peuvent se contenter d'un bénéfice plus ou moins faible et même, s'il leur convient, vendre certains médicaments à perte. Eux seuls sont juges de leurs intérêts. Sans doute, en faisant un rabais sur les prix de leurs collègues, ils peuvent attirer à eux la clientèle de ces derniers ; mais c'est là un moyen de concurrence qu'il est impossible d'interdire ni de condamner.

160. Annonce du rabais. — Sans aucun doute, le pharmacien, comme tout commerçant, a le droit d'annoncer le prix de ses marchandises ; il peut même indiquer dans ses annonces ou prospectus qu'il fait un rabais de tant pour cent sur les prix ordinaires. Mais il commettrait un acte de concurrence déloyale ne visant tel ou tel de ses collègues et en faisant connaître qu'il vend à meilleur marché que lui des remèdes d'aussi bonne qualité (Bordeaux, 6 mars 1859 : Hesse c. Grettely, PATAILLE, 60-275 ; POUILLET, n° 630).

CHAPITRE V.

Vente de pharmacie; ses effets au point de vue de la concurrence déloyale.

———

161. Ce que comprend la vente d'une pharmacie. — La transmission d'une pharmacie s'opère comme celle de tout autre fonds de commerce, avec cette différence, cependant, que l'acquéreur doit avoir le diplôme exigé par la loi pour exercer la profession de pharmacien. En l'absence de cette condition, la vente serait radicalement nulle. La cession régulière comprend, en règle générale, à moins de stipulation contraire : les remèdes et mar-

chandises diverses qui se trouvent dans l'officine ; le droit au bail ; la clientèle et l'achalandage ; l'enseigne et, par conséquent, le nom
de la pharmacie.

162. Nom du vendeur. — Si la pharmacie
a pour enseigne une dénomination arbitraire, il
est bien certain que le successeur a le droit
de la conserver et de la transporter avec lui
quand il change le local de son officine. A-t-il
le même droit sur le nom de son cédant ?
Peut-il le conserver sur l'enseigne ou tout au
moins le rappeler ? On conçoit combien cette
faculté est précieuse, car, dans une pharmacie
comme dans tout fonds de commerce, le nom
est le premier signe de ralliement et le premier
gage de garantie offert à la clientèle. La considération du nom a pu déterminer la vente
de la pharmacie ou tout au moins exercer une
influence sur le prix de cession. Aussi nous
paraît-il impossible d'en interdire l'usage au
successeur, d'une manière absolue. En vain
objecterait-on que la propriété du nom est
imprescriptible et que nul ne peut s'en servir
sans l'autorisation du propriétaire ; car ce consentement, nécessaire nous le reconnaissons,

se trouve précisément compris d'une façon
implicite dans la vente du fonds de commerce.
Si le cédant avait des raisons plus ou moins
sérieuses pour défendre à son successeur tout
usage de son nom, c'était à lui de s'en expliquer formellement ; mais, encore une fois, dans
le silence du contrat, il faut reconnaître au
cessionnaire le droit de se prévaloir d'un nom
dont la disparition pourrait égarer et détourner
la clientèle. Telle est, d'ailleurs, l'opinion consacrée par la plupart des auteurs et par une
jurisprudence presque unanime (RENDU,
n° 518 ; BÉDARRIDE, n° 466 ; POUILLET, n° 548.
Trib. civ. Seine, 16 mai 1845 : Cassan c. Vallier,
Gaz. Trib., 17 mai ; Paris, 11 juillet 1867 :
Dorvault c. Follet, LE HIR, 68-2-151 ; Paris,
6 février 1874 : Landon c. Leroux, PATAILLE,
74-68).

*163. Le successeur doit faire connaître sa
qualité.* — S'il est juste que le pharmacien
puisse mentionner sur son enseigne, sur ses
produits ou dans ses prospectus, le nom de
l'ancien titulaire de son officine, il n'est pas
moins équitable de lui imposer certaines précautions de nature à prévenir toute confusion

entre sa personnalité et celle de son prédécesseur. Celui-ci, én effet, peut craindre que son cessionnaire, abandonnant les bonnes traditions d'ordre et de loyauté qui avaient établi la renommée de la maison, ne mécontente sa clientèle et ne fasse de mauvaises affaires ; il a dès lors le plus grand intérêt à ne pas laisser croire que la pharmacie est restée entre ses mains et à pouvoir répudier à l'avance toute solidarité avec les actes d'un successeur malhonnête ou incapable. Le cessionnaire lui donnera cette satisfaction légitime en indiquant sa qualité de successeur. Il sera libre de choisir à cet effet l'une des mentions suivantes : *Ancienne pharmacie telle ; un tel successeur ; un tel successeur de un tel*, etc., ou toute autre équivalente. Lui suffirait-il d'accoler son nom à celui de son cédant sans y joindre la mention de successeur? Nous ne le pensons pas, car cette réunion pure et simple des deux noms pourrait faire croire à une association entre les deux titulaires successifs, et le danger que nous signalions tout à l'heure ne serait pas conjuré (Trib. com. Seine, 10 avril 1867 : Granger c. Leblanc, Teulet, 16-360).

Il n'est pas nécessaire que le mot successeur soit écrit en toutes lettres et nous admettons sans difficulté l'abréviation *(suc^r)* consacrée par l'usage. Mais le cessionnaire ne satisferait pas à son obligation s'il écrivait le mot « successeur » en caractères imperceptibles, ou bien si, au-dessous du nom de son cédant écrit en gros caractères, il indiquait le sien propre en lettres minuscules et à peine apparentes.

164. Obligations du vendeur. — Le pharmacien qui cède son officine doit livrer à l'acquéreur tout ce qui fait l'objet de la vente, notamment la clientèle et l'achalandage. Il manquerait, on le conçoit, à cette dernière obligation si, après avoir vendu sa pharmacie, il en achetait ou bien en fondait une autre à côté de l'ancienne. Il lui serait ainsi trop facile de retenir la clientèle dont il est connu et qui est habituée à lui, et le cessionnaire aurait fait un marché de dupe. Celui-ci fera donc sagement de stipuler, dans le contrat de vente, que son prédécesseur n'aura pas le droit de se rétablir dans la même localité ou dans un certain rayon.

Si le contrat est muet sur ce point, le cédant pourra-t-il arguer de ce silence pour se rétablir à sa fantaisie ? Assurément non ; il devra, s'il veut continuer l'exercice de la pharmacie, observer toutes les précautions nécessaires pour ne pas faire concurrence à son prédécesseur. Avant tout, il faudra que sa nouvelle officine soit assez éloignée de l'ancienne pour ne point en détourner la clientèle. Quelle distance sera-t-il tenu d'observer ? Il est impossible de tracer aucune règle à cet égard ; les tribunaux apprécieront et décideront suivant les circonstances. Dans les grandes villes comme Paris, ils tiendront compte de ce fait que les pharmaciens ont une clientèle locale, de quartier, et que par conséquent ils ne peuvent pas se faire une concurrence sérieuse à grande distance.

Si les parties ont eu la prudence de tout régler dans le contrat, comment devra se calculer la distance à partir de laquelle le cédant ne peut se rétablir ? Faut-il la compter à vol d'oiseau, ou bien en suivant les détours des rues et des chemins ? Ce dernier mode de calcul nous paraît plus conforme à l'équité et à la commune intention des parties (Paris,

29 déc. 1862 : Chanolet c. Arnoult, PATAILLE,
43-45, POUILLET, nº 590).

165. *L'interdiction de se rétablir profite
aux successeurs.* — Quand l'acquéreur d'une
pharmacie la vend à son tour, son cessionnaire
a le même intérêt et le même droit à se protéger contre la concurrence du prédécesseur
commun. Il peut donc interdire à ce dernier
de se rétablir dans un certain rayon, en invoquant à cet effet soit la clause expresse du
premier contrat de vente, soit les principes
généraux du droit commun. En vain lui objecterait-on qu'il n'était point partie dans la vente
dont il invoque les effets contre son prédécesseur médiat ; car il est de règle, dans notre
législation, qu'on est censé stipuler pour soi
et ses ayant-cause. Le titulaire actuel de la
pharmacie profite, en conséquence, des obligations contractuelles ou légales dont son vendeur pouvait se prévaloir contre son propre
cédant (Paris, 24 juin 1857 : Laguionie c.
Meert, PATAILLE, 66-32, POUILLET, nº 601).

On peut supposer que le vendeur rétabli
régulièrement en dehors du périmètre interdit
cède lui-même sa nouvelle pharmacie. Il est

bien évident que son cessionnaire ne pourra pas transporter son officine dans le rayon prohibé et qu'il sera lié par la défense imposée à son prédécesseur. Mais il aura sans aucun doute le droit de prendre la qualité de « successeur » qui lui appartient au même titre qu'au premier cessionnaire. La distance existant entre les deux pharmacies neutralisera d'ailleurs les inconvénients qui pourraient résulter d'une pareille situation.

166. *Changement de domicile.* — Si, pour une raison quelconque, le cessionnaire transporte sa pharmacie dans un autre quartier, il n'en conserve pas moins le droit d'empêcher son vendeur de se rétablir dans le rayon déterminé par le contrat. Il peut se faire sans doute que cette nouvelle installation ne lui cause aucun préjudice, mais il est seul juge de son intérêt et nul ne peut lui contester l'exercice d'un droit résultant d'une convention légalement formée. Il n'en serait pas de même, on le conçoit, si le contrat de vente ne stipulait aucune interdiction de se rétablir ; dans ce cas, le cessionnaire, ne subissant pas de dommage, ne serait pas fondé à exercer une action que le préjudice pourrait seul justifier (Paris, 9 juillet 1857 : Pichard c. Meslier, TEULET, 6-184, POUILLET, nº 598).

CHAPITRE VI.

Concurrence exercée par un co-locataire.

———

167. *Interdiction de sous-louer à une indus-trie similaire.* — Quand un commerçant loue un magasin ou une boutique, il stipule souvent que son propriétaire ne pourra pas louer un autre local de la même maison à une personne exerçant une industrie similaire ou analogue. C'est là une précaution qui s'impose aux pharmaciens comme à tous autres commerçants. Il n'est pas, en effet, besoin d'insister sur le grave préjudice que pourrait causer à une pharmacie l'installation d'une officine dans la même maison, porte à porte. Supposons que le bail ne contienne aucune prohibition de cette nature : le propriétaire, invoquant son droit de libre disposition de son immeuble, pourra-t-il louer une boutique contiguë, à un autre pharmacien ? Ou bien au contraire, le pharmacien premier établi aura-t-il le droit de s'opposer à cette location, en prétendant qu'elle le trouble dans la jouissance de son propre bail ? La question est délicate et fort controversée ; mais la jurisprudence, longtemps indécise, paraît se décider en faveur du propriétaire (Paris, 29 août 1867 : de Joest c. Taudon, PATAILLE, 67-398 ; — Paris, 16 janv. 1874 : Aubry c. Presle, *Le Droit,* 21 mars, et nombreuses décisions citées par M. POUILLET, n°s 756 et *seq.*).

Quand l'interdiction de louer à une industrie similaire a été stipulée dans le bail, le locataire lésé peut agir à la fois contre son bailleur et contre le nouveau locataire qui trouble sa jouissance.

168. *Étendue de l'interdiction.* — L'interdiction de louer, restrictive du droit de propriété, ne doit pas être étendue au-delà des termes prévus par les parties. Si, par exemple, le propriétaire s'est interdit de louer à un pharmacien, il conserve la liberté de passer bail à un droguiste ou à un herboriste. Il n'en serait autrement qu'au cas où l'interdiction aurait visé d'une façon générale tout commerce ou industrie comprenant, dans une mesure quelconque, la vente de substances médicamenteuses.

Ajoutons en terminant, et c'est là une observation trouvant partout sa place, qu'il faut s'attacher moins à la lettre qu'à l'esprit du contrat, c'est-à-dire à l'intention des parties. En l'absence même de toute clause expresse, les tribunaux pourraient décider que le propriétaire n'a pas le droit de louer à une industrie semblable ou seulement analogue faisant concurrence à un autre locataire, s'ils estimaient, d'après les circonstances, que telle a été l'intention commune des parties, lors de la signature du premier bail.

CHAPITRE VII

Poursuite de la concurrence déloyale.

169. Tribunaux compétents. — La concurrence déloyale constitue un quasi-délit dont la connaissance appartient à la juridiction commerciale, si les parties sont commerçantes, comme il arrive le plus souvent : tel est le cas des pharmaciens. Toutefois, les tribunaux civils sont compétents pour statuer sur les questions de cette nature, lorsque les parties ne sont pas commerçantes (deux médecins par exemple) ; ou bien lorsque le procès soulève une question de propriété de nom, d'enseigne ou de marque ; ou bien encore lorsque le tribunal n'est saisi de la concurrence déloyale qu'accessoirement à une autre demande qui rentre dans la juridiction civile.

170. *Formes de la demande*. — La demande est introduite suivant la procédure en usage devant l'une ou l'autre juridiction. Aucune formalité, aucun mode de preuve et aucun délai spécial ne sont imposés.

171. *Répression*. — La concurrence déloyale ne peut donner lieu, lorsqu'elle est constatée, qu'à une réparation civile comprenant, suivant les circonstances : des dommages-intérêts pour le préjudice causé ; la suppression ou le changement d'une enseigne ; la fermeture de l'établissement qui fait concurrence ; l'affiche et l'insertion du jugement dans des journaux.

FIN.

TABLE ALPHABÉTIQUE DES MATIÈRES

Nota. Les chiffres indiquent les numéros des paragraphes.

D

E

TABLE DES MATIÈRES

———

CHATEAUDUN

IMPRIMERIE HENRI LECESNE

Rue d'Angoulême.

CHEZ LES MÊMES ÉDITEURS :

BREVETS D'INVENTION (TRAITÉ THÉORIQUE ET PRATIQUE DES) ET DE LA CONTREFAÇON
par EUGÈNE POUILLET, Avocat à la Cour d'appel de Paris ; 2° édit., mis
au courant de la jurisprudence. — 1 fort vol. in-8° ; 1879 . . . . **11 fr.**

PROPRIÉTÉ LITTÉRAIRE ET ARTISTIQUE
(TRAITÉ THÉORIQUE ET PRATIQUE DE LA) ET DU DROIT DE
REPRÉSENTATION ; par EUGÈNE POUILLET, Avocat à la Cour d'appel
de Paris. — 1 fort vol. in-8° ; 1879 . . . . **10 fr.**

MARQUES DE FABRIQUE (TRAITÉ DES) ET DE LA CONCURRENCE DÉLOYALE en
tous genres, notamment en matière de Noms, Dénominations d'Etablissements et de Produits, Formes de Flacons ou d'Enveloppes, Etiquettes
Annonces, Prospectus, Enseignes, Titres d'Ouvrages, Louage, Secrets de
fabrique ; par EUGÈNE POUILLET, Avocat à la Cour d'appel de Paris,
2° édition. — 1 fort vol. in-8° ; 1883. . . . . **11 fr.**

CONSTRUCTIONS (CODE PERRIN ou DICTIONNAIRE DES) ET DE LA CONTIGUITÉ, législation complète
des Servitudes et du Voisinage, du Sol bâti, cultivé ou planté ; de ses
Produits, des Engrais, etc. ; des Etablissements classés, des Usines, des
Cours d'eau, du Drainage et des Irrigations ; du Bornage, de l'Affouage, des
Clôtures urbaines et rurales ; des Voies ferrées, Routes, Chemins, etc.
édition entièrement refondue et classée par ordre alphabétique, avec Indi-
cations marginales ; par M. AMBROISE RENDU, Docteur en Droit, Avocat
à la Cour de cassation et au Conseil d'Etat ; revu et mis au courant par
JEAN SIREY, Avocat à la Cour d'appel de Paris ; 5° édition. — 1 fort
vol. in-8° ; 1880. . . . . **10 fr.**

LÉGISLATION DES BATIMENTS (TRAITÉ DE LA) ET CONSTRUCTIONS,
comprenant les Règles en matière de Devis et Marchés, Construction
Servitudes, Location, Réparations, Voirie, Police des Bâtiments, avec
FORMULES DE MARCHÉS, etc. ; par FREMY-LIGNEVILLE, Conseiller
à la Cour d'appel d'Aix ; 2° édition, refondue et mise au courant par
PERRIQUET, Avocat au Conseil d'Etat et à la Cour de cassation. —
— 2 vol. in-8° ; 1881 . . . . **18 fr.**

PROPRIÉTAIRES ET LOCATAIRES (CODE MANUEL DES), Hôteliers,
Aubergistes et Logeurs ; ouvrage dans lequel sont exposés méthodiquement
leurs obligations et leurs droits respectifs, avec des Modèles de tous les
actes sous seing privé relatifs aux locations ; par M. EMILE AGNEL, Avocat
à la Cour d'appel de Paris ; 6° édition, revue et augmentée par M. CARRÉ
Juge de paix du 1er arrondissement de Paris, Rédacteur en chef du *Moniteur
des Juges de paix*. — 1 fort vol. in-18 ; 1882 . . . . . **6 fr. 50**

RESPONSABILITÉ (TRAITÉ GÉNÉRAL DE LA) et de l'Action
en dommages-intérêts en dehors des contrats
comprenant : la Responsabilité civile des délits prévus ou non prévus par
les lois pénales et des quasi-délits ; les Conditions essentielles de l'action
en dommages-intérêts ; la Solidarité entre les auteurs du même fait dommageable ; la Compétence ; le Mode de saisir de l'action les tribunaux, soit
civils, soit de répression ; les Preuves ; les Règles concernant l'exécution
des condamnations sur les biens et sur la personne ; la Prescription ; la
Responsabilité du fait d'autrui et de celle des choses que l'on a sous sa
garde ; la Responsabilité de l'aubergiste, du voiturier en général, des
Compagnies de chemins de fer ; celle des Conseils de surveillance et des
administrateurs dans les Sociétés en commandite et anonymes ; la Responsabilité de l'Etat et les Règles de la compétence administrative et
judiciaire ; la Responsabilité des communes, etc. ; par M. A. SOURDAT,
Conseiller honoraire à la Cour d'appel d'Amiens ; 3° édition ; revue et
augmentée. — 2 vol. in-8° ; 1876 . . . . **18 fr.**

www.ingramcontent.com/pod-product-compliance
Ingram Content Group UK Ltd.
Pitfield, Milton Keynes, MK11 3LW, UK
UKHW020118240726
13926UKWH00011B/2039

9 782014 036596